立命館大学京都文化講座

京都に学ぶ ⑧

京の文化《ぶんか》と藝術《げいじゅつ》

立命館大学京都文化講座

京都に学ぶ ⑧

京の文化《ぶんか》と藝術《げいじゅつ》

003 はじめに　コーディネーター　瀧本和成

004 第1章◆「杜陀日記」に描かれた関西　中西健治（文学部・教授）

030 第2章◆伝説から生まれた風流の都
―「山猫」と「配膳」をめぐって―　加藤政洋（文学部・准教授）

054 第3章◆中原中也と〈京都〉
―詩との遭遇・短歌から詩へ―　瀧本和成（文学部・教授）

076 第4章◆近代日本画と京都
―堂本印象と京都画壇―　島田康寛（先端総合学術研究科・教授）

はじめに

この巻は、「京の文化と芸術」と称して、〈京都〉の文化・芸術を日記・詩歌・絵画などの各分野に照明を当て、観賞を交えてそれぞれの特徴、特質を解き明かします。近世・幕末から近（現）代にかけて〈京都〉の伝統的な文化・芸術はどのように継承されて行ったのか。あるいは、変容したのか。新たに誕生した領域なども視野に入れ、総合的に捉え直す「場」となれば、と願っています。また、〈京都〉が育んだ文学をはじめとする芸術がどのような経緯や時代状況のなかで開花したのか。それぞれの位置づけをも論点にしながら、私たちが未来に継承すべき点を探る目的も同時に有した論考集となっています。

そのような問題意識を共有しつつ〈京都〉を基点に日本あるいは世界に向けて発信し、他の地域の様々な文化の有り様についても考察する契機となりますことを希望します。〈京都〉生成の芸術・文化の領域を軸として、あらためて現代人の、あるいは現代社会の在り方を問い直すことも意義あることだと考えています。

文学部教授　瀧本和成

第1章◆「杜陀日記」に描かれた関西

文学部日本文学研究学域・教授
中西健治

一九四八年、兵庫県生まれ。一九七六年、立命館大学大学院文学研究科修了。一九七一年より兵庫県立高等学校。相愛大学人文学部を経て二〇〇四年より立命館大学文学部教授。博士（文学）。著書に『浜松中納言物語全注釈　上・下』（和泉書院、二〇〇五）『浜松中納言物語論考』（和泉書院、二〇〇六）『源氏物語忍草の研究』（和泉書院、二〇一一）など。

本稿は架蔵本「杜陀《ずだ》日記」（写本三冊）に描かれている関西関係の記事を紹介するものである。「杜陀日記」は天保十五年（一八四四）に江戸浅草の称往院から著者である称瑞の生誕地の丹波国大山までを歩いた一僧侶の日記であるが、内容に注目すべきものがありそうに思われるので、その概要を紹介しておきたい。「杜陀」とは僧侶の意であり、「杜陀日記」とは、「ある僧侶の日記」と解してよい。なお、日記全文の紹介と読解のための注記、解題、地名・人名・寺社などの索引などを付して、本書についての総合的研究の刊行を準備している。

図１　杜陀日記（写本３冊）

一・「杜陀日記」の書誌

写本　三冊（袋綴・楮紙）
大きさ　縦　二十五・五cm　横　十九cm
題簽　上「杜陀日記　従江戸／至藤川」・中「杜陀日記　従岩淵／至宮宿」・下「杜陀日記　従宮宿至／文保山中」（左肩・縦十六・六cm　横四・二cm　白地に銀粉を散らす）
丁数　上　二十八丁　・中　二十八丁　・下　三十丁
奥書　「嗚呼大慈大悲影護念結縁衆生平等利益願共
諸衆生往生浄域
念仏行者単誉称瑞
天保十まり五とせ五月のなかはにしるす
」（下三十・オ）
（本文と同筆）
書写奥書　「杜陀日記　三冊
東都谷中法住寺十世中興放光称瑞上人の／述記し

玉ひしもの筆者は徳川藩士友野と／いう即ち上人信徒の浄写に依るものなり
昭和九年夏
遺弟　相誉了愍
八十一　拝書」（下三十・ウ　＊本文とは別筆）

二、称瑞上人の年譜について

文化　元年（一八〇四）篠山《ささやま》市大山下に生まれる。幼名平吉。父、長沢宗本、母、坪内氏。先祖は出雲守宗吉（天正五年五月二十五日、織田信長に滅ぼされる）。

文化十一年（一八一四）摂津国島上郡広瀬（現、大阪府三島郡島本町）長沢善五郎の養子となる。（十一歳）

文政　六年（一八二三）徳本上人の高弟、徳因和上に帰依し出家する。（二十歳）

文政　八年（一八二五）武蔵国足立郡辰沼村（現、東京都足立区辰沼）、龍岩寺に入る。堂塔を修復する。（二十二歳）

天保　元年（一八三〇）浅草の称往院に入る。（二十七歳）

天保　二年（一八三一）称往院の住職となる。（二十八歳）

天保　八年（一八三七）十一月、徳因和上遷化。称往院に葬る。

天保十二年（一八四一）称往院廃場。再興に着工する。（三十八歳）

天保十四年（一八四三）十一月、称往院堂閣復旧竣工。徳因和上七回忌。（四十歳）

天保十五年（一八四四）二月四日、称往院を去り丹波国へ。（四十一歳）

＊以下「杜陀日記」の記事による。五十一日間の旅程を

摘記する。

二月　四日　江戸浅草の称往院を出立。
二月　五日　鎌倉着。相模に入る。
二月　六日　平塚を越え、大磯に着く。
二月　七日　足柄を越え、御殿場に着く。
二月　八日　中畑の門、白雲善龍の寺に泊まる。
二月十一日　沼津をめざす。沼津の慈光蓮社の三門に泊まる。

図2　称瑞上人六字名号石
（篠山市西吹にある。）

二月十四日　吉原を経て、藤川、岩淵に至る。
（以上、「杜陀日記」上巻）
二月十五日　由井川、薩《さっ》垂《た》峠を越え、府中に着く。
二月十六日　安部川を経て金谷に泊まる。

図3　称瑞上人の墓（東京都世田谷区北烏山5丁目にある称往院。
宝井其角の墓もある。）

二月十七日　小夜の中山を越え浜松に着く。
二月十八日　雨。三河に入る。二た川の宿に着く。
二月十九日　同じ所。
二月二十日　吉田町場に至り、御油に着く。二日間、清浄山九品院にとどまる。
二月二十三日　この日より七日間、講筵を開く。
二月三十日　瀧山寺へ参詣。
三月　一日　桶狭間戦場跡を見、知鯉鮒《ちりゅう》、鳴海を経て、宮に泊まる。
三月　二日　宮から桑名に向けて船に乗る。

（以上、「杜陀日記」中巻）

三月　三日　白子、上野、神戸を経て津に泊まる。
三月　四日　松坂を経て伊勢、七宝山蓮光精舎に入る。
三月　五日　雨。伊勢にて法問などする。
三月　六日　二見、明星、外宮、内宮などを参拝し、朝熊山に仮寝する。
三月　七日　菩提山称往院を訪問し、親しく語り、間の山の辺に泊まる。
三月　八日　林崎文庫を見る。惣通寺にて説法。
三月　九日　同じ所。蓮光精舎に泊まる。
三月　十日　同じ所。永嶋采女《うねめ》の所に行く。
三月十一日　七宝山を離れ、京に向けて発つ。
三月十二日　国府に着く。阿弥陀如来を参拝する。
三月十三日　鈴鹿山を越え、近江路に入る。
三月十四日　草津着。
三月十五日　京に入る。知恩院に参詣。
三月十六日　東寺に参り、淀を経て、山崎に着く。
三月十九日　橋本から淀川を下る。
三月二十三日　神崎、伊丹、生瀬《なまぜ》を経て、名塩《なじお》に着く。
三月二十四日　三田《さんだ》を経て、丹波国大山に着く。

（以上、「杜陀日記」下巻）

弘化三年（一八四六）二月、矢代の正楽寺に入る。（四十三歳）
嘉永元年（一八四八）二月、摂津国浪花の一心寺に入る。三旬にして称往院に帰る。（四十五歳）
嘉永元年（一八四八）六月、武蔵国谷中の新幡随院《しんばんずいいん》に入り、住職となる。（四十五歳）
安政二年（一八五五）十月、大地震により堂塔破壊される。（五十二歳）
文久二年（一八六二）新幡随院を辞し、称往院に帰る。

（五十九歳）

明治四年（一八七一）三月、称往院にて死去。六十八歳。

＊「杜陀日記」以外の記事は朽木史郎氏「称瑞上人について」（「篠山文華」（第３０４号）による。

三、関西地方に関わる本文記事（翻刻と略注）

「杜陀日記」の関西〈滋賀県・京都府・大阪府・兵庫県〉関連の記事一覧

A	水口	（ア）
B	横田川・田村川・八十瀬《やそせ》川・和泉畷《なわて》	
C	石部宿	（イ・ウ）
D	神の村・新善光寺	
E	梅の木の里	
F	草津宿・追分	（エ）
G	立木神社	
H	野路の玉川・月の輪の池	
I	瀬田の橋	
J	龍神の杜	（オ）
K	石山寺	（カ）
L	矢はせ・大津・粟津が原	
M	膳所《ぜぜ》・古寺・義仲寺	（キ）
N	大津宿・丸屋	＊（ク・ケ）
O	逢坂の関・関明神・蝉丸神社	
P	京・伏見の追分・天智天皇御陵	
Q	京・知恩院	＊（コ・サ）
R	東寺・久世・堅木原・淀・向町・神谷・大山崎	
S	石清水八幡宮	（シ・ス）
T	橋本・枚方	（セ・ソ）
U	難波・北浜一丁目	（タ・チ）
V	摂津国神崎・十三河原・人柱	
W	神崎川・伊丹・古屋（昆野《こや》）・生瀬・名塩	
X	東久保・堂場・三田→丹波国古市	

〈凡例〉

○「杜陀日記」（下）十九丁ウラ（ウ）より二十八丁オモテ（オ）までの本文翻刻とする。

○読解の便宜を図るために本文に次のような校訂を施した。

・句読点や濁点を施し、送り仮名を括弧の中に付した。

・ひらがなの箇所を漢字に変換した。その場合はもとの表記を括弧内に記した。

・和歌の前後を一行開け、各和歌の上にア～チの符号を付した。但し、原本に空行のある場合はその旨を記しておいた。

・各行の下に行数を○中に記し、丁のオモテ（オ）・ウラ（ウ）を併記した。

○読解の参考のため、先に掲げたA～Xの項目に相当すると思われる箇所を【　】内に示した。ただし、これはあくまでも概観である。

【翻刻】

（――「水口」ノコトヲ記ス――）薩州侯の大江戸詣《まう》でにて ④
道筋もいと賑はし。こゝは葛籠細工名産なり。おのれ都の ⑤
家づとに求（め）てけり。随ふる人々云けるは、鈴鹿よりこのかた歌 ⑥ 【A】
も物し給はぬはいたくつかれ給ひしにか、都路も一と日二た日となり ⑦
ければいさませらるべきに、せめてつゞらの歌《うた》なりと物し給へと ⑧
云ければ、 ⑨」（十九・ウ）

ア　つゞらをり山坂こゆる諸人もみな口すぎの外なかりけり　①
など戯《たはぶ》れ笑《わら》ひあひて横田川の渡《わた》しに出（づ）。この川上は　②
田村川なり。またの名は、八十瀬川とも云（ふ）よし、里人の語りけれど　③
心すさめぬ物から、泊りをぞ急ぎける。和泉畷《なわて》田川村をも　④
【B】
過（ぎ）て、石部宿なる大黒屋何がしが家に着《つ》く。此家のあるじを　⑤
金吉と云（ふ）とて、随ふる人々、笑ひあへり。間をへだてゝ登り　⑥
のまろうど三たり四たりあり。此僧たちを見て扇童、　⑦

イ　石部ほどかたいといへど大黒屋泊りはすこし欲のあり僧　⑧
おのれもまた戯《たはぶ》れて、　⑨」（二十・オ）

ウ　諺のかたいたとへにめぐりあふ泊りは石部宿にて金吉　①
【C】
（一行・空行）　②
十四日といふ日、とくこゝを立て、神の村、新善光寺へも詣《まうで》ず、　③【D】
梅の木の里なる和中散ひさぐ家にて休らひぬ。さて、ゆく　④【E】
道々に記したき事も多かめれど、心もはか〳〵しからずして　⑤

止みぬ。かくて草津の宿に出《い》づ。此処ぞ東路と木曽路の ⑥
追分也ける。継荷物目方を改る処あり。こゝに名も高き ⑦
乳母が餅ひあり。したがふる人々ははじめて上れる者《もの》多ければ ⑧
寄《よ》りてたうべなどす。さて、戯《たはぶ》れて、 ⑨」（二十・ウ）

エ　餅臼に昔とりたる杵づかはひきつりならぬ乳母のかしこぞ ①

昔、この餅《もちひ》をひさぎ始めし乳母と言へるは、幼き時より ②
ふた親に孝養を尽し、さかりなる時、夫とに貞信深《ふか》く ③
老ては子のいつくしみ浅からず。何事も常に心を真実に ④
はこびける事、感ぜざるものはなかりしとなん。元その身拙く ⑤
家貧しかりし時より、人を恵ぐむのこゝろざし厚く、三宝を ⑥
崇敬してとことはに念仏せしとぞ。かゝれば天のみそなはし ⑦
給ふ処、地のしろしめすゆゑにや。老て後、年々にとみ ⑧
さかへしとぞ。今は昔《むかし》にまさり、豊饒せしとなん。是偏に ⑨」（二十一・オ）
うばが誠の志の報ひなれば、語《かた》り継《つ》ぎ云（ひ）継《つ》ぎて、人々子孫の ①
さかえをかくてぞと思はぬはなかりけれ。積善の余慶、陰徳の ②
余報、豈むなしからんや。うけがたき人と生れて、積善陰徳 ③

【F】

を知《し》らず。仏門によらぬものは今生もあやうく、後生をいかにとか　④
せまし。あゝ一生は夢幻のごとし。高位重職、富貴栄花も風　⑤
前の塵、また、まばゆくまかゞやく玉だれのうちも常なき風　⑥
はいとひがたく、軍兵は弓鉄砲をもて防ぐとも、死殺の鬼　⑦
をさかひへだつる城廓はなし。彼の義家朝臣すら焔魔　⑧
王の前にぬかづきをのゝきて念仏し給へる事、世の人に　⑨」（二十一・ウ）
勝らせたり。誰人もむなしく三悪道に帰らば、くゆとも　①
何のかひかあるべき。邪見の人の言にあざむかれて、後世は無　②
きものと思《おも》ひ、その心がけなく、命終の朝に至（り）て後悔し　③
ほぞをかむ事なかれ。諸宗諸法に末世有（る）事分明也。暫く　④
空に譬ふるむねもあれど、実になきと云（ふ）に非ず。諸宗諸　⑤
祖、地獄有（る）を恐れ給《たま》ふこと甚し。されば三国諸祖の解に　⑥
こえたる人あらんや。餅のあぢはひは、とまれかくまれ乳母が　⑦
志しをあぢはひてよなど云（ひ）つゝ、此軒を立てゆくに、右の　⑧
方に立木の神社あり。此わたり春日野におなじ。また、　⑨」（二十二・オ）
野路の玉川といふ名所もあるよしなれど、心いそぎてえ行《ゆ》かず。　①【G】【H】
月の輪の池も名所にして、軈て瀬田の橋のもとに出（づ）。この橋　②【I】
のゆえよし、過し年の日記にゆづりてしるさず。龍神の杜、田原　③

藤太秀郷の室あり。此わたりは粟津が原にて、蛍の名処なり
けれど、時いたらざればかひなし。
【J】

オ　ときこずは月だにいでず蛍こそいまだわたらね瀬田の川岸

此処にて斎などし、年比心にかけし石山寺に詣（で）にけり。
眺望はいふもさらなり。みやびもたはぶれごともさゞ波にうち
流されてしるすによしなし。硨磲瑪瑙のさまなる岩そびえ」（二十二・ウ）
山となり、体内くゞり、蹴おとし獅子なども拙き筆には写し
もはてじ。又、月見台と言《い》ふ処より見れば、遠き比良急嶽
より鳰のうみ、矢ばせの舟路、勢田の橋など実にうつゝ事
とも思はれぬ心地《こゝち》す。年月を重ねこし思ひにしあれば、
うれしさその山よりも高く、みづうみの底よりも深し。されば
勢田川の流れとゝもかぎりしぞあらね。
【K】

カ　詠つゝあく期あらねば石山におもひの月ははるゝけふかな

随ふる人々多くは矢ばせに行《ゆ》けば、をし。けしきをも捨て
【L】

大津のかたへと急ぐ物から、粟津が原の名所も知《し》らで打過ぎ、　⑨」（二十三・オ）
膳所の町に出《い》づ。此処の古寺に五百羅漢を安置せり。事　①
毎にをろがむにいみじく覚（え）し。いにしへ如来梵土竹林の　②
蘭若におはしけるをりもかくやありけんと墨染の袖をぞ　③
しをる。　④
【M】
キ　袖はたゞみのりの露にひぢにけり竹の林の昔おもへば　⑤
かくて行《ゆ》くに木曽義仲の寺あり。寄《よ》りて結縁せしかども、はや　⑥
心は大津にはせて、何もえしるさず。このほとりはなべて打《う》ち出《で》の　⑦
浜なり。こゝをも過（ぎ）て大津の宿、丸屋何がしが家に着（き）ぬ。東　⑧
路のうまや〱の数多きをかき数へつも、こゝに来たりて　⑨」（二十三・ウ）
うれしさ限りなし。明日《あす》は逢坂の関をも越《こ》え、華頂の空　①
の御顔ばせを拝み奉る事と、心よろこびて、　②
【N】
ク　数しげきうまや〱をあゆみきてあす我君にあふ坂の関　③
また、　④

ケ　大君の都にあすは入相ときくもうれしき三ゐ寺のかね　⑤
（一行・空行）　⑥
十あまり五日、空よく晴わたり、おのがよろこびはそゞろ也。随ふる　⑦
人々もいさましげに身づくろひなどしつゝ、あふ坂の関路に　⑧
【O】
出《い》づ。こゝは山城・近江の境にて、名に負《お》ふ逢坂の関なり。　⑨」（二十四・オ）
関明神、又、蝉丸の社あり。をろがみ過（ぎ）て、京と伏見の追分　①
に出《い》づ。此処は、古へ、安阿弥と奥州の覚行上人と一体分身　②
の阿弥陀如来を負分しより、名とはなりぬとぞ。今にこの　③
本尊、現存しませり。此辺より山科《しな》の庄となん。こゝに　④
天智天皇の陵《みさゝぎ》の有（る）よし聞《き》けど、えまうでず。数々の　⑤
【P】
里々を過（ぎ）て、ついに華頂の空にのぼりける。法親王を　⑥
拝し奉り、忝くも尊きみ言葉をさへかうぶりければ、　⑦
コ　海原も霞もへだてぬ月影をあふぐも高し九重の空　⑧
サ　八重山の霞わけつゝ九重にのぼりてあふぐ華の枝の月　⑨」（二十四・ウ）
かくて御殿をさがり、知恩教院のみ堂み廟をぬかづき、三条　①
【Q】

の橋のほとり、茶久が家にやどる。
（一行・空行）
十あまり六日、此宿を立（ち）て、東寺にまうづ。真言の霊場
にていと尊し。こゝを出て久世といふ処にて斎をなす。
【R】
こゝは桂の川ぞひ也。水かみは丹波の国亀山より落（ち）て、
嵯峨あらし山の麓、大ゐ川に出《い》づ。さて、かた木原のほとりを
過（ぎ）て、淀にいたり、加茂川、宇治川、木津川ともに落（ち）あひて
淀の大河とはなれる也。かくて向町、神谷などいふ里々を過（ぎ）て」（二十五・オ）
大山崎の庄菱屋が家に休らひける。此わたりは、古へ明智光秀
の討れし古戦場なり。石清水八幡宮の神社あり。神領五百
【S】
石、殺生禁断・守護不入の処なり。又、観音寺、宝寺などいふ
霊地もあれど、このかみ長沢氏の方より迎ひの人々多く出《い》で
来れば、心いそぎてえまうでず。其むかひの人らと共に、長沢
の家につきぬ。昔捨（て）られし身も、今《いま》はさすがによろこぼしくて、
シ　千々の思ひ千々の日をへて長沢に流れつきぬる今日ぞ嬉しき
此家の先祖は長沢出雲守宗昌とて、丹波国多紀郡

大山の庄を領せしが、天正六年五月十五日、明智光秀がために　⑨」（二十五・ウ）
傾られ討死す。三の丸出屋方に与吉郎といふ幼童ありしが、　①
此とき民間に落（ち）て、命を全うす。其後代々、胤末を継（ぎ）て　②
近き比まで山城にありしかど、ゆゑありて今この広瀬と云（ふ）　③
処にすめる也。かゝることよし、随ふる人々に語りきかせければ、　④
兄なるもの、かたはらに聞（き）居たりしが、とりあへず、　⑤

ス　流れこし其みなもとも長沢やかたみ広瀬に今はすめれど　⑥

かくて兄妹などのよろこびあへる事、大方ならず。たがひにふる事　⑦
など云（ひ）出し、話も尽（き）せじ。かたみにみ法の道の浅からぬことなど　⑧
かたらふうちに、ひと日ふた日は夢のごとく過（ぎ）けり。　⑨」（二十六・オ）
十あまり九日、八幡の神領、橋本と云（ふ）処より、淀川を漕（ぎ）くだ　①
せる小舟に乗合て、難波のかたへ赴く。景色もかぐはしきに、　②
漕（ぎ）かはす小舟の数も多ければ賑はし。難波より伏見まで凡十里　③
あまりなり。のぼりくだる舟人の辛苦は、言《い》ふもさら也。　④

セ　涙さへかはく間ぞなき淀川のいく瀬の舟のかいのしづくに　⑤

【T】

又、枚方《ひらかた》と云（ふ）処よりくらはんか舟とて、とり〳〵漕（ぎ）よせて、乗合 ⑥
の人々とあらそひめく事を口にまかせて云（ひ）あへりければ、 ⑦
船童もおとらじと、声をあらげのゝしりあひしが、彼は日毎 ⑧
の業なればおよばじとや思ひけん、論には口をとづばかり也しが、 ⑨」（二十六・ウ）
心にくしと思《おも》ひしにか、扇童、 ①

ソ　くらへとは誰に云べき言葉ぞや己れもくらへ味噌を三倍 ②

人々いたく笑ひぬ。さて漕（ぎ）けるまに〳〵、難波の大城も見ゆ。 ③
軈て岸に着《つ》きければ、人々と共《とも》にあがりて、北浜壱丁目 ④
にゆゑよしあるものゝ住（み）ければ、其家にいたるに、とく古郷より ⑤
むかひの人々来り居て、あまたの消息をぞいたしける。 ⑥

【U】

タ　大江山とくふみ見よと浪はやの国に速くも来つる音づれ ⑦

さてあるじにまみえけるに、いたくよろこびねもころに ⑧
もてなしけれど、古郷のかたよりいそぎむかへければ、ながくも ⑨」（二十七・オ）
とゞまりがたくて、丹波のかたへおもむく事とは定めぬ。 ①

チ　今日よりは大えのかたへ山深くいく野ゝ身こそわびしかりけれ　②

（一行・空行）　③

廿日あまり三日、この地を立（ち）て、摂津の国神崎と云（ふ）処を　④
さしてゆく。扇童は荷物のことにつき、難波におくれたり。　⑤
さてゆくまゝに、聽て十三河原に出《い》づ。この河上ぞ長閑とはくまる。　⑥
古へ人柱のいはれなどもあれど、事も長く正しき事とも　⑦
思はれねばしるさず。されど山城大山崎の庄なる名玄寺おこよ　⑧
【V】
地蔵とよべる有り。是、其（の）婦女が建立せしと言《い》へり。さて神崎　⑨」（二十七・ウ）
川の渡しを過（ぎ）て、斎などす。此処は古へ栄盛の地にて、記（し）度（き）事　①
も多けれど、心いそぎければ拝せず。伊丹・古屋・なまぜなどいふ　②
里々を過て、名塩の郷に泊りを定む。こゝは紙の名諸也。　③

（一行・空行）　④

廿日あまり四日、東久保・堂場など云（ふ）処を過（ぎ）て、三田の町に出（づ）。　⑤
【W】
こゝは九鬼侯の領所也。町並もよろし。しばしやすらひ、さて、　⑥
あひの里、ひで坂をもこえ、丹波国古市の駅にいたる。此（の）宿　⑦
を出（づ）れば、西国廿五番播州清水観音より廿六番丹後なり　⑧
【X】
あひの観音への道なるべし。さて、はが野・犬飼・矢代・味間など　⑨」（二十八・オ）

（以下、丹波国大山村園田家ニ着クマデノ道中ト到着ノ感慨ヲ記ス。）

【略注】

【薩摩侯】
島津斉興《なりおき》のこと。寛政三年（一七九一）～安政六年（一八五九）。経済的に逼迫していた薩摩藩を起死回生せしめた藩主。

【葛籠細工】
滋賀県水口町から産出する、籐《とう》や葛《くず》のつるなどで作った葛籠《つづら》などの細工物。アの歌は特産物（「つゞらをり」）を詠みこんでいる。「口すぎ」は生計を立てること。

【鈴鹿よりこのかた歌も……】
「杜陀日記」には多くの歌が記されている。歌数は、「上」は歌八十一首（内、称瑞歌、五十八首）、発句一句、漢詩一。「中」は歌六十四首（内、称瑞歌、五十六首）、発句五句。「下」は歌六十三首（内、称瑞歌、五十三首）。古今集や西行などの歌のほか、周囲の人の歌もあることから、一行が歌を詠み交わしながらの旅でもあったと思われ、この作品の基調が歌日記形式であることを示す。

「したがふる人々ははじめて上れる者多ければ」（二十・ウ⑧）とあることから、道中には新鮮な感動もあったか。

【石部宿のこと】
石部宿は現在の滋賀県湖南市にある。東海道を西にとり、京を発った一日目の宿が当地とも。ここにも道中薬の「和中散」を扱う店がある。供人の「扇童」（後述）の歌（イ）はこの宿に泊まった、三、四人の僧を見て、土地の名に相違して強欲そうな様子の僧侶に批判の目を向け、称瑞もまた主人の名前にかこつけて戯れ歌（ウ）を詠む。土佐日記に散見される滑稽的記述に通うものがあろう。このあたりは深い文芸的意識ではなく、平明な道歌は民衆教化の基本である。称瑞作「念仏文のたより」（佛教大学図書館蔵）はこれを実践している。

【和中散】
道中薬。腹痛や暑気あたりに効果的とされる。慶長十六年（一六一一）、近江氷原で腹痛を起こした家康が、侍医のすすめで服用し全快してから有名になった薬と言われる。当時、店舗は五軒あった。栗東市大角家住宅「旧和中散本舗（ぜさいや）」に資料館として現存している。

【うばが餅のこと】

東海道と東山道の分岐点にある草津宿には全国の飛脚問屋業者の寄進による大きな常夜灯がある。文化十三年（一八一六）の建立ということから、称瑞一行もこの新しい常夜灯を見ていよう。うばが餅のことについては東海道五十三次の内の草津の絵として「歌川広重画・保永堂版（天保四年）」に「うばがもちや」の看板を掲げる店を描き、その繁昌ぶりを伝えている。なお、天保十四年頃にくすぶっていた店の経営上の問題が再燃したと言われる。「日記」は主としてその餅の由来を記し、仏法の教えに及ぶ。エの歌は「昔取った杵柄」という卑近な諺を詠み込み、今の繁栄のもとは乳母の律義な思いからであったと諭す意味がある。仏教の高邁な教えを食べ物を通して伝えようとしているようである。「三宝を崇敬してとことはに念仏せし」と、念仏の大切さを強調し、そのうえで難解な仏教用語、「積善の余慶」「陰徳の余報」を引き出し、「高位重職」「富貴栄花」は「風の前の塵」と言い、「玉簾の中」も「常無き風」に等しいとも言い、さらには対句として「軍兵」「死後の鬼」を用いて念仏を唱えて、仏への帰依を説く。八幡太郎義家も閻魔王の前に額づくように、末世は必ずあることから現世において孝養を尽すべきだと諭す。そして長々しい教訓の末尾に「とまれかくまれ」として再び、乳母の心に思いを致すことを繰り返して結ぶ。巧みな構成をもった説教の一であろう。

【過し年の日記】

称瑞は以前（天保十年か）にもこの日記以外に同じようなものを書き綴っていたことを示す（上巻に「過し東路の記」、中巻に「過し年都の家つと、いへる日記」「過し年の日記」などとある）。ここでは、近江あたりを往来し、瀬田の橋を通った時に、その橋の由来を聞いて感銘を受けたのであろう。それについて「うばが餅」と同様、詳しい記述をかつて書いたという。どのような内容かは不明。あるいは、この橋に纏わる過去の歴史に及んだのではないか。少し後の「十三河原」の人柱に関する記事（二十七・ウ）や、上・中巻の記述から、地名伝承にも大きな関心を持っていたことがわかる。

【田原藤田秀郷のこと】

藤原秀郷《ひでさと》は田原藤太《たわらのとうた》とも。近江国栗太郡田原村の住人であった。「田原藤田秀郷の室」とは三上山の大百足《おおむかで》を退治した場所、豊玉姫命《とよたまひめのみこと》と秀郷を祀る橋守神社をさすか。橋守神社は龍王宮とも言う。


【石山寺参詣のこと】

「年比心にかけし」（二十二・ウ⑦）とあることから称瑞の関心のあり様がわかる。ただし光景を絶賛するばかりで、「しるすによしなし」、「描き筆には写しもはてじ」、「うつゝ事とも思はれぬ心地す」とあるにとどまる。「胎内くぐり」は現在、「くぐり岩」とも。自然石でできている。奈良時代より聖域とされる。


【膳所・五百羅漢のこと】

もと大津市中庄にあった光輝山円福院に収められている五百羅漢のこと。仏像を礼拝することはごくありきたりのことであろうが、このあたりの表現や語彙にはかなりの教養を窺わせるものがある。


【如来梵土竹林の蘭若におはしけるをり】

「如来」は、本来は修行を完成した者をさすが、ここでは釈尊（釈迦牟尼）をさす。「梵土」はインドのこと。「竹林」は仏教史上、最初の寺院で「竹林精舎」とも。「蘭若《らんじゃ》」は「阿蘭若《あらんじゃ》」の略で、仏道修行にふさわしい閑寂の地。転じて、寺院のこと。


【木曽義仲の寺】

大津市馬場にある木曽義仲や芭蕉の墓がある。古く粟津が原の一角で景勝の地。寺としては天文二十二年（一五五三）に佐々木高頼が建立した。


【打ち出の浜】

琵琶湖岸にある。「口に出して言う」意をもって歌に詠まれることから、直前の「何もえしるさず」に対応させているか。その意味では諧謔性もある。


【大津の宿、丸屋何がしが家】

現在の大津市丸屋町にあった宿のことか。現在の丸屋町は国道161号線沿いにある。

【心よろこびて】

称瑞上人の目的地へのはやる気持ちを表す言葉。「はや心は大津にはせて」（二十三・オ⑦）、「心よろこびて」（コノ箇所）、「心いそぎて」（二十五・ウ⑤）、「心いそぎければ」（二十八・オ②）など。ここでは、称瑞上人の西国への旅の大きな目的、知恩教院に参詣することを記す。京の空を間近にして「うれしさ限りなし」（二十四・オ①）、「心よろこびて」（同・②）、「おのがよろこびはそゞろ也」（同・⑦）と言い、「ついに華頂の空にのぼりける」（二十四・ウ⑥）と感動を告白している。称瑞が江戸を発つ時の思いを記すところを引いておく。

過し日　華頂法親王みやこにのほらせけるをりみなこりを惜み奉り　瀆《けがれ》なき歌をなんよみて奉りしかこたひ弟子なとの別をゝしむにつけても其をりのこと思ひ出けれはしるしつ

　御法の光り大空にかゝやかせ給ふ宮の東にくたり給ひしか都に上らせけるをいたくをしみ奉りて

人しれぬ心のやみにまよふ哉月は都の空にへたてゝ

（上巻八・オ）

【伏見の追分の地名由来譚】

「一体分身」とは仏教語で、仏が世の人を救うために、仮にさまざまな姿をとって現れること。ここでは阿弥陀仏が安阿弥と覚行上人の二人に分かれて現出したことから地名となったという。「負い分け」の地名由来の伝承である。地名の由来と現存の本尊とに言及するのは称瑞の関心の強さからか。

（補）平安時代の嘉祥年間（八四八～八五一）、京都に安阿弥という仏師がいた。あるとき安阿弥のもとに奥州から一人の老僧が訪れ、仏像を一体彫ってくれるよう依頼した。安阿弥は精魂こめて仏像を彫りあげたが、いざ手を離れるとなると別れるのが惜しくなり、追分まで仏像について来た。仏もこの安阿弥の心に感じて一躯はたちまち二躯に分かれ、一躯は東へ向かう僧が背負って去り、一躯は京へ安阿弥が背負って分かれた。「雍州府志」（『新修京都叢書・第十巻』所収・六九四・六九五頁）に次のように記す（訓点など省略）。

追分　在四宮京路與伏見道之両岐間凡左右相別之岐所称追分者在処々追分牛馬於両岐之謂也一説斯処元負分也相伝嘉禎年中仏土有号安阿弥者世称巧手于時東奥僧来求造立無量寿仏造得日其体相甚適安阿弥之意惜與斯仏相別安阿弥至斯処送之仏亦隣其志一体忽為二躯全形不違寸依之二人大悦東奥人負一躯安阿弥亦負一躯互相別東西故号負分此処則山城近江之境界也

＊「雍州府志」＝貞享元（一六八四）年成立。黒川道祐（玄逸）著。

【知恩教院】

華頂山大谷寺知恩教院と号する。慶長十二年、初めて宮門跡を迎え、以後、代々の法親王が入室するが、慶応三年（一八六七）以後廃絶する。称瑞が面会したのは「愛宮《なるのみや》」であろう（前代の「長宮」は天保十四年七月十九日に薨逝）。


【十六日・三条大橋から東寺口へ】

東寺口（鳥羽口）は京の出入口で鳥羽街道と山崎道の二本の街道があった。称瑞一行は、久世、堅木原、淀、向町《むこうまち》、神谷《かんだに》、大山崎という地名が記されているように、山崎道を南に向かった。付近に石清水八幡宮もあったが、「神領五百石、殺生禁断、守護不入の処」と知識だけを記して、これ以外の特段の記事はない。


【石清水八幡宮】

淀川左岸の男山に鎮座する。江戸幕府の信仰も篤く、淀川を利用する船にとっての水運の神的な存在であった。八幡宮領内八郷を神領として守護不入の地としていた。


【殺生禁断】

生き物を殺すことを禁じること。仏教の慈悲の精神などから、鳥獣・魚などの狩猟・殺生を禁じること。殺生禁制とも（石田端麿氏著『例文仏教語大辞典』）。


【観音寺、宝寺】

観音寺＝通称「山崎の聖天さん」。当時は商人の参詣も多く、歓喜天の信仰でも有名であった。宝寺＝宝積寺。「伊呂波字類抄」に「天平年中行基菩薩造之寺與」とある。「山城名所寺社物語」巻三に「此寺の宝物たからのつちを拝したる人は福人と成るよし、いひつたへり。此山崎に住む人はつねにたからの槌を打出すか、富家おほし。おほく油を売る家あり」とも。いずれも大山崎町にある真言宗の寺。

【長沢氏より迎えが来ること】

島上村の長沢家から多くの迎えの者が来たことで、付近の霊場に参詣が叶わなかったという。「日記」は自身の出自に触れる。これによると、先祖は天正六年（一五七八）五月に明智光秀に滅ぼされるも、逃れ出た与吉郎の後胤が当地に住んで今に至ると言う。現在、東京都世田谷区烏山にある称往院に称瑞上人の墓碑があり、これに刻まれた「単誉上人行業甲子記」からは称瑞の一生をかなり克明に知る事ができる。出自に関する記事を箇条書きにすると以下のとおり。

＊幼名は平吉。文化元年三月生まれ。父、長沢宗本、母、坪内氏。

＊先祖は長沢出雲守宗吉。天正五年五月二十五日、織田信長に滅ぼされる。

＊平吉、文化十一年、摂州島上郡広瀬村の長沢善五郎一定の養子になる。

右のことから、宗吉…与吉郎…宗本…善五郎一定…平吉という人物の流れは把握できる。「日記」は平吉（称瑞）の兄の再会を喜ぶ歌を記しとどめ、仏縁の深いことに感動している。ここで三日を過ごす。

【扇童】

称瑞に付き従う人物。「上巻」の江戸出立の時の記事に、「きさらき四日はかりにすみなれししきみつゝむ軒より法の小舟こき出る事とはなりぬ。さる折から、入舟の扇童といへるものこれ舟の棹をしてともに惑へる人々をうちのせ、ねはんの岸にわたせはやなとはやり云けれは、このをのこの名にめてゝ、舟のことはなめてうちまかせぬ」とある。旅立ちを船の出航にたとえ、人生もまた船旅のように捉えようとして作品中にしばしば描いているかのようである。「扇童」は人生という船旅の「船頭」でもあろう。なお、この人物も歌を詠んでいる（「上」一首、「中」三首、「下」四首）。

【淀川の小舟】

京都（伏見）から大坂（八軒屋）への船旅。下りは半日かかった。当時の航行は伏見を出て、途中、橋本に停泊した。「八幡山から山崎山へ　ふみを投げたが届いたか／八幡山から橋本見れば　赤い女が手で招く」（淀川三十石船船歌）このあたりの記事からも称瑞は「舟人の辛苦」に目を向けていることが注目される。

【枚方・くらはんか舟のこと】

十返舎一九の「東海道中膝栗毛」第六編に「くらはんか舟」の話が描かれている。

ふねははや、ひらかたといへる所ちかくなりたると見へ、商《あきな》ひ船、こゝにこぎよせ〳〵　あきん人「めしくらはんかい。酒のまんかい。サア〳〵みなおきくされ。よふふさるやつじやな　ト此ふねにつけて、ゑんりよなくとまひきひろげ、わめきたつる。このあきなひぶねは、ものいひがさつにいふを、めいぶつとすること、人のしる所なり。うりことばにかひことばなれば　のり合「コリヤ飯《めし》もてうせい。ゑいさけがあるかい」北八「いかさま、はらがへつた。爰へもめしをたのみます」あきん人「われもめしくふか。ソレくらへ。そつちやのわろはどふじやいやい、ひもじそふな頬《つら》してけつかるが、銭《ぜに》ないかい」

（東海道中膝栗毛・六編上・古典大系・三三三頁）

船頭が乱暴な大声で商売をすることはこの「日記」にも記され、称瑞側も応酬したが結局は「口を閉づばかり」であった。しかし負ける一方でもいけないので、「扇童」が歌を詠み、一堂の留飲が下がったと言う。（ソ）の歌は不平不満を歌にこめて心を穏やかに保とうとしている点でも道歌に通じるものがあろう。ただ「味噌を三倍（三杯カ）」というのはいかなる意味か、よく分からない。出帆前に宿屋で熱い味噌汁を出すが客は容易にそれをかきこめず、泣く泣く置いて乗船するという、米や味噌汁の消費を抑えようとの宿屋の経済方策があったが、それを見抜いたうえで味噌汁を三杯もゆっくりと味わってはどうかと皮肉を言いかけているとも解せる（『大阪成蹊女子短期大学国文学科研究室編　淀川の文化と文学』所収、桂都丸氏「落語『三十石』に見る淀川の文化」参照）。

本学大学院の畠山基史君の説↓立腹した一行が相手のくらわんか船に向かって通常よりも三倍も濃い味噌でも食べておけと応酬したか。（中西補説↓「味噌もクソも一緒にしている」という下品な罵倒の言葉で応酬しようとしたものか。）

【故郷からの迎え】

故郷の人々と出会い感動を詠む（タ）（チ）の歌。「大江山」は但馬の歌枕ではあるが、大坂から見れば丹波・但馬はさほど差異はなく、また小式部の「大江山まだふみもみず」の歌を下に敷いていよう。称瑞一行は慌ただしく大坂を出て故郷に向かうことになる。

【十三河原のこと】

「摂津名所図会」巻三に記す「長良の人柱」のことをさすか。称瑞は「長く正しき事とも思はれねばしるさず」と全面否定する。悲劇を繰り返さない宗教者の考えでもあろう。「おこよ地蔵」の伝承を付記するにとどめているのである。文体の面から言えば、「……ケレドモ……セズ」というのはこの「日記」によくある叙述法である。

（用例）

・二十オ③〜⑤↓「里人の語りければ、心すさめぬ物から、泊りをぞ急ぎける」
・二十ウ⑤↓「記したき事も多かめれど、心もはか〱しからずして止みぬ」
・二十二ウ①↓「野路の玉川といふ名所もあるよしなれど、心いそぎてえ行かず」
・二十三ウ⑥↓「寄りて結縁せしかども、……何もえしるさず」
・二十四ウ⑤↓「天智天皇の陵の有るよし聞けど、えまうでず」
・二十五ウ③〜⑤「観音寺宝寺などいふ霊場もあれど、……心いそぎてえまうでず」

【おこよ地蔵】

不詳。「名玄寺おこよ地蔵」とあるので、場所は特定できよう。乞う、教示。称瑞はこの地蔵建立の由来に僧侶としての関心を注いでいることに注目される。

稿末完（二〇一一・一二・一五）

（付記）

本稿は立命館大阪キャンパスで開かれた「大坂・京の文彩――文学が織りなす二都のすがた――」（二〇一一年度立命館大阪プロムナードセミナー・大阪・京都文化講座・二〇一一年五月二十三日）の原稿をもとにしたものである。

第2章◆伝説から生まれた風流の都

―「山猫」と「配膳」をめぐって―

文学部地域研究学域・准教授
加藤政洋

一九七二年、信州生まれ。一九九五年、富山大学人文学部人文学科卒業。二〇〇〇年、大阪市立大学大学院文学研究科後期博士課程修了。博士（文学）。専門は社会地理学。著書に『大阪のスラムと盛り場』、『花街』、『京の花街ものがたり』、『敗戦と赤線』、共著に『モダン都市の系譜』、共編著に『都市空間の地理学』、訳書に『第三空間』がある。

一．都踊が創始されたころ

◉遷都と京都策

「明治二年車駕《しゃが》東幸後、京洛の地頓《とみ》に寂寥《せきりょう》を極むるに至り、遊廓の如きも疇昔《ちゅうせき》（かつて）の盛華は南《なん》柯《か》の一夢（はかないこと）に帰したりき」（『京都府誌　下』）、あるいは「明治維新は我国の一大変動期であつた、わけてわが京都は車駕東幸ましまし千歳の殷盛《いんせい》も一朝にして沈衰し産業衰微、文物廃頽の極に達した」（田中緑紅編『明治文化と明石博高翁』）と回顧されるように、明治初年の京都は、天皇の東幸、東京への遷都により都市的危機に見舞われていた。

京都府は、大参事から第二代県令（府知事）へと就任した槇村正直のもと、その「力を殖産興業の道に尽し鋭意之れが挽回の策を講じ」ていくことになる。それら一連の策は「京都策」と呼ばれ、以後、第三代府知事である北垣国道のもとで進められた三大事業に至るまでのさまざまな事業を通じ、近代都市の礎が築かれたのだった。

京都策の草創期について見るならば、たとえば、当時の方針を具現した制度・施設のひとつとして、明治四年、元長州藩邸に開設された「勧業場」を挙げることができる。その事務規約を引用すると、「浮華遊惰ヲ戒メ正業勉励ヲ勧ムルハ経世ノ要務況ヤ京都府下ハ御東幸後日ニ衰微ニ趣ノ地是ヲ挽回繁盛ナラシムルハ農工商ノ三業カ勧誘作新スルニアリ……〔後略〕……」（第一条）とあり、まさにあの手この手を尽くして「挽回策」が講じられようとしていたことがわかる。ここで京都策の内実に立ち入ることはできないが、「浮華遊惰ヲ戒メ」るというからには、条文の中にも関連する箇所があるので、一部参照しておくことにしたい。

「勧業場」を管轄する事務規約としては、いささか奇妙に思われるかもしれないが、その第十条に「遊廓ヲ管シ之ヲ移シ或ハ之ヲ廃スルコトヲ建議スルコト」と、いきなり遊廓の移転ないし廃止がぶたれている。つづく第十一条には、「遊女藝妓ノ人員ヲ調べ或ハ此業ニ入ラント願フ者ノ情実ヲ糺シ是ヲ止メ或ハ之ヲ免スルコト」、さらに第十二条で「遊女藝妓ニ職紅ヲ勧メ其正業ニ復スルヲ図ルコト」と、遊女・芸妓になることをやめさせ、すでになっている者には「正業」に就くことをすすめることが明文化されているのだ。たしかに、この後、関連する施策も実際に行われていくのだが、第二代県令の槇村は「花柳界に通じ」ていたというだけあって、花街を制限するというよりは、むしろそれらをうまく利用しつつ、また花街側もみずからの復興を企図して、「京都策」の一端を担っていくことになる。

◉都踊の創始と諸施設の配置

明治四年（一八七一）の晩秋、そして翌春にもう一度、東京・大阪にさきがけるかたちで「京都繁栄挽回の策」として京都博覧会が開催された。花街が京都の挽回策と関わる端緒を開いたのは、まさにこの博覧会にほかならない。明治四年の開催は期間が十月十日から十一月三十日にかけてと、初冬にさしかかり「人出少く余り人気がなかつた」ため、翌年の四月には規模を拡大するとともに、「附《つけ》博覧会」として、さまざまな余興を催したのである。すなわち、

……売茶、猿楽、煙火等の余興を添ふると共に、各遊廓に慫慂《しょうよう》して歌舞吹弾の技を観客を惹かしめたり。祇園の都踊、先斗町の鴨川踊、下河原の東山踊等は其の勧めに従つて起れるものなり。而して後者は下河原地域の山根子と共に其の名実を失ひしも、前二者は今に存して益々其の盛を極め、遊廓の繁栄を助けたり。（『京都府誌　下』）

この時に興ったのが、祇園新地の都踊や先斗町《ぽんとちょう》の鴨川踊であった。すでに百回を優に超える「都をどり」はこの時に創始されたのであり、知られるように、舞の指導に当たったのが井上流の片山春子（第三代井上八千代）であった。以後、「家元が祇園町から一歩も出ないかわり、舞も井上流だけ」（吉村公三郎『京の路地裏』）となったのである。

「祇園町と都踊の沿革」（辻村多助編『都をどり』）によると、「楼主等祇園の衰頽を復活する良策なりとし」、槇村らが企図した「附博覧会」に、花街関係者もまたみずから積極的に協力したという。田中緑紅の言葉を借りるならば、都踊は「祇園新地の衰勢挽回策として開催することに決し」た、というわけだ。京都策を図る官僚と祇園新地側との思惑が見事一致したのである。

ところで、先ほどの引用には、あまり聞き慣れない舞踊名がある。「下河原の東山踊」だ。下河原は祇園に近接する地区であるのだが、ここにも花街（少なくとも芸妓衆）が存在したということなのだろうか？しかも、ここには「山根子」なる名が挙がっている。実は、この下河原の山根子、伝説的に語り継がれるとても興味ぶかい存在であった。以下では、謎の存在である山根子の来歴をたどりながら、明治初年の京都に新たな「踊」が創始された背景を探ってみることにしたい。

二．祇園町誕生をめぐる諸説

◉『京都府下遊廓由緒』と松川二郎の解釈

祇園町が京を代表する花街であったことは多くの人が認めるところであって、多言を要すまい。ここでいう祇園町とは、かつては「祇園通り」などとも称された、八坂神社（祇園社）に続く四条通とその南北両側の街衢《がいく》を指す。その有名性とは裏腹に、起源をめぐってはあまり語られることがなく、あったとしても型どおりのものばかりであるのだが、それらの原典となっているのが、明治初年に編まれた『京都府下遊廓由緒』の「遊所之起源」にほかならない。別のところで述べたように(1)、そこには元和年間（一六一五

—一六二四）から、祇園社の参詣者や東山に遊山する客を当て込んだ種々の茶屋に抱えられた茶汲女・茶立女などが、まるで遊女のような「所業」をするに至ったとあるに過ぎない。つまり、黙認された遊女屋があったというだけで、その起源が詳らかとは言い難いのである。逆に、いかにもありがちな、わかりやすい語りであるがゆえに、その影響力は強いともいえるだろうか。

実際、大正四年（一九一五）に編まれた京都市『新撰京都名勝誌』には、次のように説明されている。

現今の祇園町両側などは〔一〕祇園神社鎮座の昔より家屋接続の地なりしも、中古兵乱の為め次第に荒廃して一寒村となり、僅に農家の散点するのみなりしが（当時祇園村と称す）、元和、寛文より正徳に至りて、漸次に田圃を開拓して市街となし、祇園、清水等参詣人の為に茶店など出来たりしが、いつしか美女を抱え、酒肴を供し、後には青楼酒館軒を竝《なら》べ燈を連ね、絃歌の声は昼夜湧くが如く、遂に京都第一の遊廓となりぬ。

発展の経緯をほんの少しだけ踏まえながら、祇園町の成り立ちをいかにもお役所的な美辞麗句で飾っている。旅行ライターであり、昭和戦前期の花街にまつわる大著『全国花街めぐり』を物した松川二郎は、この『新撰京都名勝誌』の説明を受けて、祇園町を「祇園清水の門前町として発達した花街」と結論づけたうえで、次のように説明する。

〔祇園社成立後にできた〕当時の腰掛茶屋こそ今日の貸席の濫觴《らんしょう》であり、茶汲女は即ち芸妓の元祖である。茶屋といふ名義を公許されたのは徳川時代の享保十七年……のことで、詣道《けいどう》両側には追々多数の茶屋が軒を接するやうになり、寛政二年始めて遊女町の許可を得て遊廓となつたのであるが、享保時代の「茶屋」なるものがすでに茶菓のみ供する休茶屋の類でなかつたであらうとは、蓋し誰しも想像に難くない所で、事実は立派な娼楼であつたのである。……寛政二年遊女町を許可されるといふのは、たゞすでに実体の在た所へ之に副ふ名称を付したといふにすぎない。

遊女と芸妓の分化についてはいまだ曖昧なままであるとはいえ、「『茶屋』なるものが……事実は立派な娼楼であつた」などというあたりは、いかにも松川らしい解釈である。いずれにしても、鴨東の社寺参詣や遊山する人たち向けの茶屋から出発した、極論すれば「当時の腰掛茶屋こそ」が後の「貸席の濫觴」である、というのが人口に膾炙した由緒と言ってよい。「この地は祇園社や東山の神社仏閣に詣でる人々を対照《ママ》とした、水茶屋に始り後に遊廓となつたもの」(『日本花街志』)とする花街研究家・加藤藤吉の語りも、それまでの説明をなぞったに過ぎない。

ただし、「仲源寺(世に目疟の地蔵と云)――往昔は水茶屋ありしか、今段々繁昌して六十四州に隠なき祇園町と成ぬ」と説明する『洛陽勝覧』は、祇園社や清水寺ではなく「仲源寺」に注目している点が独特であるのだが、この視点が受け継がれることはなかった。

◉篠田統《おさむ》の異説

祇園町の由緒にまつわるなかば定型化した語りのなかにあって、ひときわ異彩を放つ説がひとつある。

必ずしも一般に知られているわけではないと思われるのだが、それは『図説　江戸時代食生活事典』の「行楽地――祇園、清水」の項目で展開された、篠田統の説だ。祇園社と清水寺を並べた項目の見出しからすれば、一見、ありきたりの語りを踏襲しているように思われる。

だが、その中身は実に興味ぶかい内容であった。

京の都からみれば、祇園さん（八坂神社）は西向にみえるが、本来は、もちろん南面しているので、その正面石鳥居の前の通りを下河原という。円山や下河原には婀娜《あだ》な茶汲女もたくさんいた。画家池大雅の妻君玉瀾も茶屋の娘である。ところで、元来許された花街は、大昔は知らず、江戸期に入ってからは西の島原一カ所の定めだったのが、円山、下河原の茶汲女がいつしか領域を広げ出し、「山猫」と呼ばれることになる。その山猫が追々鴨川べりにまで進出してきたのが、今の祇園町である。

ここで篠田は、祇園町そのものではなく、円山・下河原あたりの「婀娜な茶汲女」が、いつとはなしにその「領域」を広げ、漸次鴨川べりまで進出した結果、花街としての祇園町を形づくったのだ、と独自の見解を披歴する。しかも、その茶汲女たちは「山猫」なる名で呼ばれていたという。「京都東山の芸妓の異称」と『広辞苑』にも載っているくらいだから、まったく無名の存在というわけではないにせよ、「山猫」が祇園町成立の鍵を握るとは、なんとも奇妙な組み合わせである。

呼称からしても謎を秘めた存在である彼女たちの、まずは根拠地《ルーツ》とでも呼ぶべき場所から見ておくことにしよう。

三、さかのぼれば、そこに……

◉下河原をめぐって

祇園社（八坂神社）と清水寺の「門前町として発達した花街」、それが祇園町の一般的な位置づけであった。けれども、地図を開いてみればひと目でわかるように、祇園町は、八坂神社の西の楼門に直行する四条通を挟んだ南北の街区であって、必ずしも「前」に位置しているとは言い難い。むしろ、八坂神社から清水へと向かう参詣者が歩いたであろう街路、八坂神社の鳥居前から南にまっすぐ延びる通り、すなわち下河原界隈こそが祇園社の正真正銘の鳥居前町ということになる。篠田が「山猫」の起源を求めたのは、この下河原とその近傍の円山であった。

「山猫」の根拠地とでもいうべき下河原については、比較的新しいガイドブックにも興味ぶかい指摘を見いだすことができる。たとえば、大判の『ビジュアル・ワイド京都の大路小路』（森谷尅久監修、二〇〇三年）を開いてみると、次のような説明がある。

慶長一〇年（一六〇五）、北政所が夫豊臣秀吉の菩提《ぼだい》を弔うために高台寺を創建、舞芸に達者な女性がこの地に召し出された。のちに下河原遊廓となり明治に廃絶した。旅館、料亭が多いのはその名残だ。

慶長十年、明治、そして現在と、時間の幅がかなりあるのではっきりとはしないのだが、なんと北政所《きたのまんどころ》（ねね）にまでさかのぼる歴史を持つ、祇園町とはまったく別の遊廓として下河原が位置づけられている。たしかに、『柳橋新誌』で知られる成島柳北《なるしまりゅうほく》が、みずからの京都訪問に題材をとった遊蕩文学『京猫一斑《けいびょういっぱん》』（明治七年〔一八七四〕）の冒頭で、「西京の銷金鍋《しょうきんか》（＝遊里）、祇園を以て唱首となす」とし、続いてこの祇園を取り囲むように立地する、南の宮川町、北の二条新地、そして西の先斗町とともに、東の下河原の名を挙げているし、明治初年のガイドブック『京都土産』（明治九年）においても、「八坂新地、祇園町、八軒、宮川町、先斗町、二条新地、北野上七軒、同下森五番町、七条新地、五条橋下」という旧来の花街とは区別するかたちで、「下河原　三本木」の記載がある。

この『京都土産』の書き方には、不思議な点がある。というのも、祇園町・八坂新地・二条新地・上七軒・七条新地という江戸期以来の著名な遊所に、新三本木・下河原が並列されているからだ。なにゆえ、新三本木と下河原が歴史的な遊所と並ぶ位置づけなのか？　この問いに直接答えることは難しいのだが、ひとつだけ言えることがある。それは、どちらも北政所との関わりを有する――少なくとも、そう語り継がれた――場所であった、ということだ。来し方をたどり、起源へとさかのぼれば、そこには必ず北政所が姿を現す。

◉新三本木と下河原――北政所との関わり

知られるように、北政所がその波乱に満ちた一生涯を終えたのは京都である。秀吉の歿後、慶長四年（一五九九）九月、北政所は大坂城を去り、京都の三本木へと落ち着いた。その後、家康の後押しを受けて高台寺を建立した北政所は、慶長十年六月にみずからも移り住む（津田三郎『北政所』）。高台寺の位置する場所こそ、下河原にほかならない。

このように北政所と深い関わりを持つとされる新三本木と下河原が、ともに花街となるのは、はたして偶然なのか。両者が遊所と化すきっかけを『京都府下遊廓由緒』の由緒書きから意訳して、検討してみたい。

まずは新三本木について。

新三本木の土地開発の由来は不詳である。この地の舞芸者は白拍子の流れを汲む者たちであると言われているが、記録がない。慶長年間に北政所がこの地にお住まいになった際、舞芸者が殿中にあがるようになった。その後、北政所が東山に建立した高台寺へ移ると、（彼女を追うようにして）芸妓のなかにもその近傍へ引き移った者たちもいたという。まさにその者たちが下河原の芸妓の由来であると伝えられているそうだ。

大坂城を出て三本木に移り住んだ北政所のまわりに、白拍子の流れを汲むという女性芸能者たちが侍っていた。しかも、彼女たちは北政所が高台寺に移ると、みずからもまた下河原へ移動したというのである。では、その下河原の由来を見よう。

下河原の舞芸者は白拍子の流れを汲む者たちである。故北政所が高台寺を造立した際、もともと政所のもとに出入りしていた舞芸者たちも、近傍の真葛ケ原へと追々移り住んだ。彼女たちは抱え主ともども高台寺の家来に当たると言われて、年貢などは免除されていた。高台院（北政所）が亡くなられた後、これら舞芸者たちは円山の安養寺や近辺の客席へ出向いて舞を披露し、その祝儀をもってなりわいにしていたという。

おおよそ大意はこうである。とはいえ、これにも「旧記無之古伝」（文字資料はなく、ただこのように伝えられているのみ）という但し書きがあり、言い伝えの域を出るものではない。だが、ともに北政所にその由緒を求める伝説的な語りの存在は、下河原と新三本木の特異性を浮き彫りにしていることだけはたしかだ。

四．女伶《まひこ》か……、それとも配膳なのか？

◉舞芸者としての山猫

明治中期に出版されたガイドブック『京都土産』（山崎隆編、明治二十八年）を開くと、「鞍馬山の天狗」などと並んで、「下河原の山猫」なる記事がある。すでに見たように、下河原の芸妓を一名「山猫（山根子）」という。東山（円山）の麓に居を構える、つまり山の根に住まう芸子というところから「山根子」となり、いつしかそれが転じて「山猫」と呼ばれるようになったらしい。記事には「此猫尻尾を顕はさずと雖ともよく狃《な》れよく戯《ざ》れ且よく小判の真価を弁ず故に金ぴらを与ふるときは喉をコロブコロブと鳴して喜ぶとぞ」という説明があるのだが（解釈はご随意に……）、一般に山猫は歌舞に秀でる、都でも指折りの芸妓として知られ、少なくとも昭和初期まで花街関係者のあいだで語り継がれる存在であった。

『京都府下遊廓由緒』では「山猫」という書き方はなされていないものの、白拍子の流れを汲むとされた「舞芸者」が、さまざまな語りの中に登場する山猫と見てよいだろう。注目されるのは、『京都府下遊廓由緒』を読むかぎり、彼女たちはあくまでも「舞芸者」であって、「茶立女」でも、ましてや「遊女」のような存在でもないということだ。

このことは、ひとつの可能性を示している。それは、遊女のいない遊所、言い方を換えるならば、歌妓・舞妓・芸妓からなる狭義の花街が明治期以降の芸・娼分離を待たずして、すでに存在していたのではないか、ということである。たとえば、『京都坊目誌《ぼうもくし》』では「廃遊廓」として、次のような説明がある。

> 下河原　下河原。鷲尾。上弁天。月見の四町を区域と為し公許せらる。始め慶長十年従一位豊臣夫人高台寺中に（円徳院の北鷲尾町より入る）館旧を構へ居住す。時に舞藝のものを召し演藝せしむ。是に於て藝者此付近に来集す。寛永元年夫人薨《こう》す。爾来一般公衆の招に応し。纏頭を得るを以て一の営業者となる。之を町藝者と称す。（茶立女に非ず）。然れ共旧風を存し。品格の正しき他に類を見す。後ち円山其他の諸楼より招かれ酒席に侍す。之より山根子（俗称なり）〔と〕呼ぶ。天保三年町奉行より栄業を停止せられしが。後に解停せられる。明治三年京都府命して停止す。尋て島原より出稼の名義を以て之を許可せしが。同十九年府令に依り。祇園新地に合併せしも自然に凋落し遂に廃するに至る〔。〕

北政所の館に舞芸者が出入りしていたこと、北政所が亡くなったあとは「一般公衆」の招きに応じて芸を披露し、纏頭（てんとう／はな）――すなわち祝儀であり、後の花代にも通ずる言葉である――をもって生計をたてていたこと、出先となったのは円山その他の諸楼の宴席であったことなど、明らかに『京都府下遊廓由緒』に依拠しているものと思われるが、それでもなおこの記述には興味が持たれる。というのも、北政所のもとに侍った舞芸者たちを「茶立女」ではなく、「町芸者」と位置づけている点、そして「旧風」を保つ彼女たちの「品格の正しき他に類を見」ないという点は、他にはあまり見られない視点だからである。

『京都坊目誌』には下河原とは別に、もう一ヵ所だけ「町芸者」の所在が記されていた。

> 南之町　因に云ふ三本木の遊里は此所なり。寛永の頃より。酒席に侍し歌舞糸竹を専業とする婦女之に来集す。〔所謂町芸者也〕天保十三年徳川幕府令して。島原の外遊女渡世を禁せしも。独り三本木は其沙汰なし。〔実は娼妓無く芸者のみなれば暗に認許せしなる可し。〕

このように、北政所と所縁のある新三本木もまた、「酒席に侍し歌舞糸竹を専業とする婦女」であるところの町芸者の所在地であった。しかも、天保十三年（一八四二）の禁止令に際しては、「娼妓無く芸者のみ」であることから、営業停止をまぬかれたともしている。

また、『京都坊目誌』の先ほどと同じ「廃遊廓」の項目には、（わたしは未見であるのだが）天保年間に与力が記したという「遊女屋・茶屋・芝居・辻打大概記」という冊子からの引用があり、「舞藝者　五十七人」、

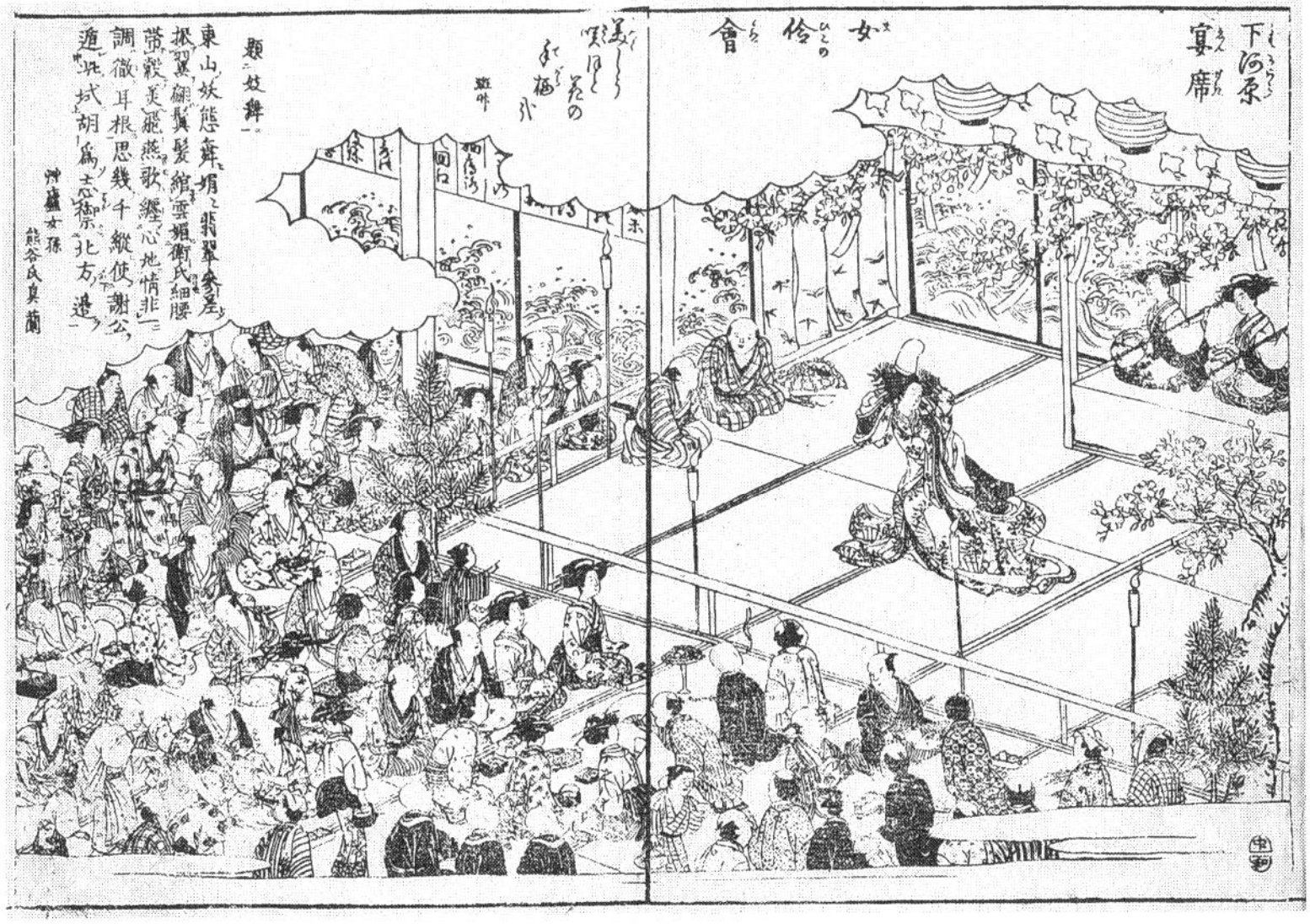

下河原の「女伶の会」（出典：『都林泉名勝図会』）

そして彼女たちが円山ならびに双林寺、あるいはそれら最寄の「料理屋」へ出向き、「祝儀」をもらって渡世していたとある。ここでも、下河原の営業者は「舞芸者」として数えあげられているのだ。そして、山猫は「遊女体」の者ではないばかりか、「祇園町遊女屋とも出張取引仕候由」ともあるので、塔頭や料理屋のみならず、遊女屋をも出先とする送り込み制度が確立されていたとも言えなくはない。

◉女伶の会

ここに一枚の絵がある。「下河原　宴席」と題された『都林泉名所図会』の絵で、「女伶会《まひこのかい》」の様子が描かれている。仕切られた舞台の中央には派手な装束で舞う女性の姿があり、後ろの台座には三味線を弾く女性たち。整然と並ぶ老若男女の客たちは（なかには乳飲み子を抱いた女性も見える）、舞台に目をやり熱心に観賞している者や、談笑（?）している様子が描かれる。酒器のようなものも置かれているようだ。

下河原の宴席で舞を披露する「女伶」（＝舞妓）――おそらく、これが山猫――の姿なのだろう。『東海道名所図会』（寛政五年〔一七九三〕）における「円山の酣歌、蹴鞠の暮の音、双林の能囃子、女伶《まいこ》の会、下河原の生花競、楊弓の音、二軒茶屋の豆腐切る音……」という説明も、下河原付近の状況を指しているものと見てよい。

この「女伶の会」は、たとえば次のように、明治期に至るまで語り継がれた。


「下河原の山根子」　維新前迄は彼の下河原に山根子と謂《い》ひなしたる歌妓ありて諸藩士の多く入京したる際には杯盤《はいばん》の間に周旋したるもの多く、其以前より舞の会とて此の地の歌妓に絃歌舞曲に堪能なるもの多かりしか、冬枯の霜時にも胡蝶《こちょう》の舞などありて京名物の一なりしが祇園町の繁盛するに連れみな茲《ここ》へ移りて今は其影だになし、去れば祇園老妓の中には山根子なりし人もあらん。

（京都出版協会編『二十世紀之京都　天之巻』）


ここには、明治中期の段階で、山猫が姿を消した――祇園に吸収された?（後述）――ことも示唆されている。いずれにせよ、幕末・維新期まで、山猫は歌舞に秀でた妓として知られていた。

◉山猫のゆくえ

維新後、彼女たちがその存在を世間に知らしめたできごとがある。それは、明治五年（一八七二）、京都博覧会の余興として行われた「附博覧会」で、祇園の都踊、先斗町の鴨川踊、宮川町の宮川踊とともに——このほかに辰巳《たつみ》新地でも催されたという——、下河原の東山名所踊が披露されたのだ。京都博覧協会編纂『京都博覧会沿革誌　上巻』に記されたその時のようすを意訳してみると、

八坂下河原もまた歌妓の一狭斜である。いわゆる東山妓、通称「山根子」で、技藝の精妙なること、歌舞の巧捷《こうしょう》なることは、祇園新地とくらべても優劣がない。山根子たちは協同して三月二十日から安井門前の平野屋席で「東山名所踊」を興行し、その装置、その舞踏は都踊と似通ったもので、にぎわいぶりもまた都踊にはひけをとらなかった。

ここにある以上に詳細は伝えられていないものの、「京名物」のひとつと謳われた山猫の踊りであるだけに、都踊にも負けず劣らずの喝采を浴びたにちがいない。

都踊や鴨川踊は現在に至るまで受け継がれてきた一方、東山名所踊は「下河原地域の山根子と共に其の名実を失」ったという（京都府編『京都府誌　下』）。しかしながら、「祇園老妓の中には山根子なりし人もあらん」というのだから、その名を失っても祇園の歌舞音曲の発展に貢献したのだろう。実際、京舞の名手として知られた松本（井上）佐多は、自身の舞妓時代を回想しつつ、「その頃、祇園新地で、名の通った芸妓はん」として、下河原とゆかりのある二人の芸妓の名を挙げたのだった。一人は「武田はな」、もう一人は「鈴木小三」である。

『都の花競《はなくらべ》』（明治十一年）を開くと、「下河原の部（鷲尾町）」の芸妓のなかに武田はなの名を見いだす

ことができる。この時、二十二歳。後に祇園新地へと転じたのだろう。

他方の鈴木小三は、直接下河原と関係しているわけではない。明治十七年二月に祇園新地の妓籍《ぎせき》に入った――つまり、舞妓としてデビューした――彼女は、下河原の芸妓であった鈴木小里の妹だったのである。再び『都の花競』を見ると、武田はなと同様、「下河原の部（鷲尾町）」の舞妓として小里の名がみえる（二十一歳）。小三の実母である里も山猫であったといい、小三は里と（初代の滋賀県令として知られる）松田道行のあいだに生まれたという説もある。

武田はならが山猫としてではなく、祇園新地の名妓として知られたということ。それはとりもなおさず、下河原が「名実とも」に消滅した、あるいは「祇園町の繁盛するに連れみな茲《ここ》へ移りて今は其影だになし」という状態に至ったからにちがいあるまい。いずれにせよ、都の風流を代表する舞踊が、明治初年という早い段階で祇園にくわえて下河原でも創始されたのは、まさに伝説的に語り継がれる山猫がいたからにほかならない、と言えるだろう。

◉残された謎――「配膳」をめぐって

先ほども参照したが、『都の花競』（明治十一年）には、各遊所の芸妓や舞妓の名前が列挙されている。当時の芸舞妓の年齢分布や、各遊所の規模をある程度まで推測できるという点で、たいへん貴重な資料であると思われるのだが、そのなかにひとつ、奇妙な点があることに気づいた。「下河原の部」を見ると、案の定、「藝妓の分」しかなく、「娼妓無し」という但し書きがあるのだが、その横に「通名　配膳《やまねこ》」（原著の振り仮名は語句の左側）とあるのだ。「配膳」を「やまねこ」と読むことなど、およそ不可能だろう。

けれども、『都の花競』には、たしかにそう書かれている。なにゆえ、配膳なのか。

実は、ここまで参照してきた資料のなかでもう一ヵ所、「配膳」という語句を見いだすことができる。またしても……ということになるのだが、それは『京都府下遊廓由緒』における新三本木の項目内であった。

天保十三年に遊所の禁止令が出された際、ひとり新三本木だけには沙汰がなかったことは、すでに『京都坊目誌』を引きながら述べた。『京都府下遊廓由緒』には、このことに触れて次のように記されている。すなわち、「其後芸者共配膳ト唱諸客ヨリ祝儀申受渡世仕来候由」と。これとて「記録無之口伝」と言い伝えに過ぎないのだが、北政所といい、配膳といい、下河原と新三本木とはやはり特別な関係にあるらしい。

では、そもそも配膳とは何か。一般的には「食事の膳を客の前に配る」ことを意味するが、京都での用法は名詞、しかも特定の職業にまつわる呼称として使われることが多い。ここでもまた、『図説　江戸時代食生活事典』における篠田統の説明が参考になる。

> 京都だけにしかない職業に配膳というのがある。色紋付に袴をつけて宴席の配膳にあたる。原則として男性である。
>
> 配膳についての文献を探しているが、いっこうに見あたらない。ひょっとすると、明治以後のものかもしれないが、食生活に関連した珍しい職業ゆえ、ここに付記する。明治四十三年頃、今の京都大学教育学部の近所で「配膳」と書いたガス灯があったから、大正以後からのものでないことは確かで

ある。

宴席といっても、昔は結婚式が主で、そのほか講仲間の寄合や法事（ことに寺院で行なわれる折）にも働いた。家元の茶事に侍る者もいる。下足番、荷物預りなどは初心者で、慣れれば台所から座敷に出て膳を配り、皿、椀のお替えもする。酒の酌はしない。これは芸妓の役だ。仲居は台所から宴席の外までは膳を運んでも、座敷は配膳にまかす。配膳を使うほどの宴会なら、芸妓は呼ぶが、仲居を席に呼び入れることはない。

なんと不思議な職能者だろう。宴席の配膳を司る職人的男性たち。この京都独特の配膳については、笠井一子『京の配膳さん――京都の宴席を陰で支える人たち』という優れたモノグラフがあるので、そこに描かれた宴席の配膳風景も参照してみたい。

配膳はまず料理屋が持ってきた膳を拭き椀を並べる。盛り付けは料理人の仕事だ。膳の上にはまず三品程のせ、箸紙を付けて座敷へ次々運び込み、席札に合わせて各座布団の前に膳をすえる。昔と違って客が着席する前にすでに膳が出ていることになる。この日、配膳の仕事を手伝うのは、やとな（雇仲居）さんとか助仲居と呼ばれる女性たち。

笠井のサブタイトルにしたがうならば、配膳さんは「京都の宴席を陰で支え」てきた男性ということになる（2）。だが、本題に立ち返っていうならば、歌舞に秀でた女性芸能者である山猫とは、似ても似つかない。

篠田が推論するごとく、「明治以後」に成立した職種ということだろうか。
「配膳についての文献を探しているが、いっこうに見あたらない」とあるように、たしかに配膳にまつわる記述は少ない。しかしながら、本稿の元になる文章を発表した後に、いろいろと文献に当たるなかで、たいへん貴重な資料に出会うことができた。それは、『風俗画報』第百五十四号（明治三十年十二月十日）に掲載された次のような記事である。

配膳とは、東山真葛ケ原辺に四五十人も住居て、給仕を専門として生計を立てり、これには入方《いれかた》といふ元締の指図を経て、翌《あす》は誰々は何許《いづこ》と客の人数に拠りて、円山始め、諸方の料亭へ給仕に往きぬ、扮装《いでたち》は、概ね夏季は黄平紋付の帷《かたびら》衣葛織の平袴、冬季はお納戸木綿紋付の布子に桟留織の平袴を着して配膳す（羽織と足袋は無礼なりとて用ひず）名前は治郎作、八兵衛抔といふ、淡泊なる呼ひ易き名を殊更に用ひ、座敷の事は引搆《ひつかま》へて気軽に立働き、多少挿花俳句などの心得もあり、礼舞仕舞も所望に応じぬ、兎角は花街の幇間などより稍や雅味ありて面白き心地す。

ここにあるように、当時もまた「給仕を専門として生計を立て」る男性たち、それが配膳であった。そのいでたちもまた、現在に通ずるものがある。ポイントは、彼らの住まい、そして出先となる料亭その他の所在地である。なぜなら、彼らの住まう真葛原は、まさに北政所につき従って三本木から移住した舞芸者たちの居住地と重なり、円山の料亭は、その舞芸者たちの出先であった塔頭に由来するからだ。
このように見てくると、『京都府下遊廓由緒』に語られた下河原の舞芸者の由来は、「山猫」というよりは、むしろ『風俗画報』の「配膳」にこそふさわしい、そう思えはしないだろうか。『都の花競』に見出された「配膳」と「やまねこ」の、およそあり得ない偶然的な結びつき。北政所にまでさかのぼる伝説的な語りに示された、必ずしも予定調和的ではない「山猫」と「配膳」の偶有的節合は、こうして京の文化史をめぐる新たな問いへと開かれていく。

女伶から配膳へ——謎のままだ。

【註】

（1）本稿は、「立命館京都文化講座」の内容をまとめて収録した拙著『京の花街ものがたり』（角川選書）の第4章を加筆修正したものである。

（2）ここで引用した文章の中に、あまり耳にしたことのない言葉が配膳以外にも登場していたことにお気づきだろうか？「雇仲居」である。読み方は「やとな」で、知らなければ読みようがない言葉だろう。この文脈では、文字どおり宴席のために雇われた仲居の役割を果たしていた。つまり、料理屋の仲居とは異なり、臨時に雇用される（派遣される）仲居といえる。

ところで、錦織剛男『遊女と街娼』には、この雇仲居と配膳にまつわるたいへん興味ぶかい指摘があるので参照してみよう。

京都には、関東方面にはない変った名前の芸者ともつかない怪しげな芸者が現存している。即ち、雇仲居、配膳等であるが、配膳は現在では「男配膳」と「女配膳」に分れ、男は紋服に袴といったいでたちで、祝儀、不祝儀の宴会にはつきものであるし、女の方も宴席で興にのれば歌もうたうといったこともやってのける。しかし、この社会では一応芸者、雇仲居、配膳の順で取り扱われている。

ここでもまた、宴席にまつわる京都独特の職種と序列が指摘される。『京の配膳さん』にも、その存在が一度たりとも語られることのない「女配膳」がいるというのだ。しかも、女配膳は男配膳とは違い、芸妓―雇仲居―配膳の順で序列化されていた。

さらに、配膳と雇仲居については、次のような指摘もある。

又、京都には「配膳」と云ふ男の職業があって、紬の紋付に嘉平次袴をつけて、文字通り配膳方をつとめる仕事があつたが、その後大正の初期から何々倶楽部と称する雇女屋が出来て、東京の不見転芸妓位の処で、宿屋へも行けば料理屋へも行く、旅行のお供から、素人座敷へも行くと云ふ風に発展につとめ営業区域も何もなく、自由に活動が出来て、エロの方も極めて簡単に発展したゝめ、一時にその数を増し、今では全京都市中で千名以上も出来たので、料理屋もお客も、安い宴席などは此の雇い女で十分間に合ひ、お色気のとぼしい「配膳」の用は段々なくなつて来た。

（三宅孤軒「東西芸妓気質」）

これは、戦前の花柳界に精通していた三宅孤軒による、東西花街比較論の中で言及された配膳の説明である。三宅によれば、昭和戦前期には雇仲居に発展するものと思われる「雇女」の登場によって、「配膳」が宴席産業から締め出されたというのだ。錦織の指摘と合わせて考えるならば、雇仲居が隆盛したことで、男性の配膳が衰退、それに代わって女性の配膳が現れ、宴席の花である芸妓、お色気十分、何でもありの雇仲居、そして「興にのれば歌」もうたう（女性）の配膳という序列化が京都の花柳界に成立したものと思われる。

なお、雇仲居については、拙著『京の花街ものがたり』（角川選書）で詳しく取り上げているので、そちらも参照されたい。

【主な引用・参考文献】

・井上甚之助『佐多女聞書』一九五三年、創元社

・今井信三編『京都土産』一八七六年、菊水軒
・大西亀太郎編『都の花競』一八七八年、大西亀太郎
・笠井一子『京の配膳さん―京都の宴席を陰で支える人たち―』一九九六年、向陽書房
・加藤定穀『京都名所案内』一八九三年、村上勘兵衛
・加藤藤吉『日本花街史　第一巻――情怨百年史　紋章の研究――』一九五六年、四季社
・京都府勧業部『京都府下遊廓由緒』（新撰京都叢書刊行会編『新撰　京都叢書　第九巻』一九八六年、臨川書店）
・京都市『新撰京都名勝誌』一九一三年、京都市教育会
・京都出版協会編『二十世紀之京都　天之巻』一九〇八年、京都出版協会
・京都府編『京都府誌　下』一九一五年、京都府
・辻村多助編『都をどり』一九一五年、歌舞練場
・津田三郎『北政所――秀吉歿後の波瀾の半生』一九九四年、中公新書
・堂本寒星『京舞名匠　佐多女藝談　附 井上流舞集成』一九四七年、河原書店
・錦織剛男『遊女と街娼――京都を中心とした売春史――』一九六四年、圭文館
・松川二郎『全国花街めぐり』一九二九年、誠文堂
・松山高吉『きやうと』一八九七年、田中治兵衛
・三宅孤軒「東西芸妓気質」（『郷土風景』第一巻第六号、一九三二年）
・山崎隆編『京都土産』一八九五年、春錦堂
・吉村公三郎『京の路地裏』二〇〇六年、岩波現代文庫

第3章◆中原中也と〈京都〉

——詩との遭遇・短歌から詩へ——

文学部日本文学研究学域・教授
瀧本和成

一九九六年四月立命館大学文学部に赴任。専門は日本近代文学。著書に、『森鷗外 現代小説の世界』和泉書院、『明治文学史』晃洋書房（共編）、『大正文学史』晃洋書房（共編）、『明治文芸館Ⅰ～Ⅳ巻』嵯峨野書院（共編）など。

一・中也、郷里・山口から京都・立命館中学へ

中原中也が立命館中学校（現・立命館高等学校）第三学年編入のため郷里山口（湯田）を離れて京都に来たのは、昭和八年（一九二三）四月である。それまで在籍していた山口中学校で落第し、環境を変える必要性があると両親が判断したためだと思われる。この時中也は十六歳。学業成績不振の主因は文学にのめり込み過ぎていたための結果であったらしい。とくにこの時期中也は、「明星」派の文芸思潮の影響を受け、たんに観賞してその世界に浸るだけでなく、みずから短歌を創作し発表している。「明星」短歌にあこがれて作歌していた中也が、故郷山口を後にし京都で生活するなかでどのように変化していったのか。その

立命館中学（大正15年頃）

契機となったものは何だったのか、その背景にどのようなものがあったのか。また、それは詩人中也の人生にとってどのような意味をもったのか。本論考では、中也の詩歌分析、考察及び鑑賞を行いながら、彼の文学生活上の分岐点となった〈京都〉に照明を当てることによって、こうした問題の解明に努めることを主眼とする。そのうえで、中也の詩の特質とその魅力に迫ることを目標としたい。

二．詩との遭遇、短歌から詩へ

中也が故郷山口にて十三歳から十六歳にかけて詠んだとされる短歌が一〇七首現存している。その代表歌(1)をここに挙げてみよう。

1　筆とりて手習させし我母は今は我より拙しと云ふ

2　菓子くれと母のたもとにせがみつくその子

供心にもなりてみたけれ

3 芸術を遊びごとだと思つてるその心こそあはれなりけれ

4 ユラユラと曇れる空を指してゆく淡き煙よどこまでゆくか

5 腹たちて紙三枚をさきてみぬ四枚目からが惜しく思はる

6 怒りたるあとの怒よ仁丹の二三十個をカリ〳〵と嚙む

7 悲しみは消えず泣かれず痛む胸抱くが如く冬の夜道ゆく

8 蚊を焼けどいきもの焼きしくさみせず悪しきくさみのせざれば淋し

9 そんなことが己の問題であるものかといひこしことの苦となる此頃

10 アルプスの頂の絵をみるごとき寂しき心我に絶えざり

右の十首をはじめとする中也の短歌は、(2) 概ね「明星」派、とくに石川啄木の影響下で作歌したものであると考えられる。具体的に啄木の短歌と比較し、その類似性を指摘したい。

A いのちなき砂のかなしさよ／さらさらと／握れば指のあひだより落つ

B 我に似し友の二人よ／一人は死に／一人は牢を出でて今病む

C 人がみな家を持つてふかなしみよ／墓に入るごとく／かへりて眠る

D 長く長く忘れし友に／会うごとき／よろこびをもて水の音聴く

E 青空に消えゆく煙／さびしくも消えゆく煙／われにし似るか

F　やはらかに柳あをめる／北上の岸辺目に見ゆ／泣けとごとくに

1〜10番歌の旋律は、A〜Fに見られる啄木短歌のそれと軌を一にしている。6番歌は啄木の短歌A「いのちなき砂のかなしさよ／さらさらと／握れば指のあひだより落つ」に、7番歌はC「人がみな家を持つてふかなしみよ／墓に入るごとく／かへりて眠る」やF「やはらかに柳あをめる／北上の岸辺目に見ゆ／泣けとごとくに」など、啄木短歌の影響が見られる。いわゆる啄木調の模倣だが、その表現や内容についても同様のことがいえる。たとえば3番歌には「芸術を遊びごとだと思つてゐる」人たちへの批判が見られるが、それは啄木をはじめとする「明星」派の歌人たちが主張していた芸術（文芸）観であり、この時期中也が感化されていたことが容易に分かる。ただそれを「あはれなりけれ」と旧来の和歌的表現に留めおいたところに、現代人の感情を巧く捉え切れていない未熟さの一端を垣間見せている。8番歌の「淋し」は人間の存在感のなさを詠もうとしているが、表現されている素材（蚊）に問題があり、美的感覚に乏しく、共鳴感を抱かせない。

これらの歌は表現においても、素材という視点からみても稚拙さが目立つものだが、すでに中也独特の表現や個性が現れていることも見逃せない。芸術への純粋な志向とその才能への自負に留まらず、現代人の淋しさや孤独な感情が独特な言葉で表現されている点が指摘できる。4番歌などはどこにもidentityを見出せず、自己の存在すら危ぶまれる状況でのどうしようもない不安な感情が提出されている。「ユラユラと」「ゆく」「淡き煙」の行末に、あるいはその中《うち》に（Eなどに見られる啄木短歌の影響下にありながらも）現代青年たちの彷徨《さまよ》う姿が暗示されていて興味深い。とくに「ユラユラと」という言葉には、存在自

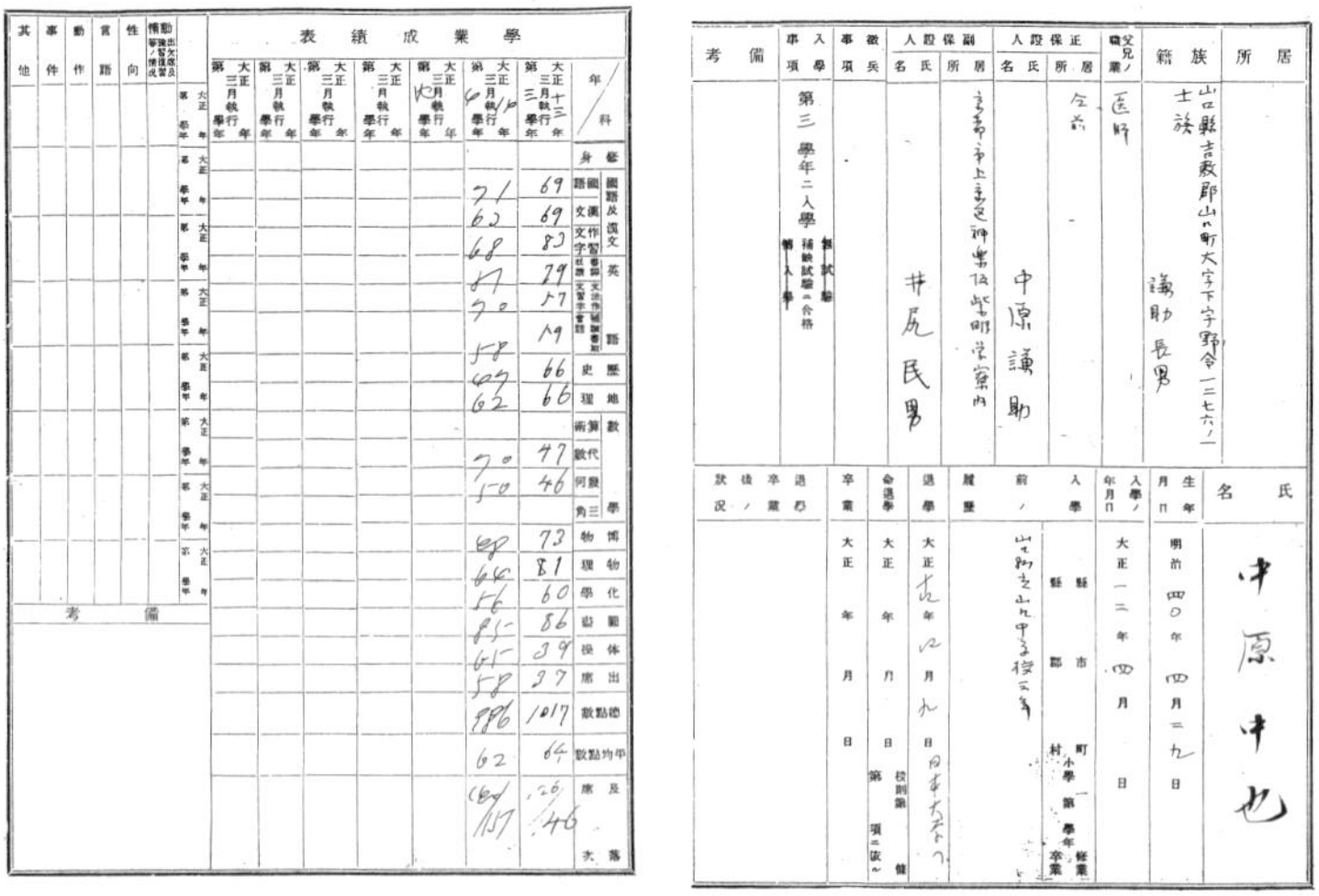

立命館中学校での学籍簿及び学業成績表

体の倦怠感《アンニュイ》が同時に醸《かも》し出されていて、後の詩における中也独自の優れた表現に繋がるものだといえよう。

　中也が初めて歌を詠んだのは、本人みずから「大正四年の初め頃だつたか終頃であつたか兎も角寒い朝、その年の正月に亡くなつた弟を歌つたのが抑々の最初である」[3]と記しているように、小学校一年の時で、弟亜郎（数え五歳）の病死がきっかけだったらしい。小学校六年次には、投稿した短歌（1番歌）が雑誌「婦人画報」で次選となり、続いて二月十七日付「防長新聞」に短歌三首が掲載される。父謙助母フクの両親は「文学なんかやらせたくなかつた」[4]ようで、中学校入試に専念させるべく仕向け、中也は県立山口中学校に合格する。だが、入学後創作及び読書熱はいよいよ高まり、成績はそれに反比例する形で落ちて行った。入学時十二番だったのが、七月の学期試験では八十番、二年進級後の試験では百二十番となった。両親は「中也が文学をやろうとすると、邪魔ばかりし」[5]たらしい。それでも大正十年（一九二一）秋、「防長新聞」への短歌投稿を再開し、歌壇欄に頻繁に掲載されるようになる。また短歌会にも参加、翌年五月には吉田緒佐夢、宇佐川紅萩との合同歌集『末黒野』[6]を刊行する。そのためか学校の成績はさらに下がり、ついに翌年三月三学年を落第する。中也自身は「ひと月読んだらわかる教科書を、中学校というところは一年もかかって教える、そんな馬鹿らしい勉強はせん」[7]というのを、父謙助が中也二年の折家庭教師を務めた井尻民男（当時京都大学学生）に託し、京都の中学校への編入を依頼する。こうして大正十二年（一九二三）四月京都に来た中也は、冒頭に述べたとおり、立命館中学校第三学年に編入することとなる。[8]読書と思索、そして歌の創作に耽る日々を過ごしたために学業が疎《おろそ》かとなり留年となった中也は、編入という形で環境を変え、新たに勉学に励むことになる。先の「詩的履歴書」にはその時の様子を次のように記している。

> 大正十二年春、文学に耽りて落第す。京都立命館中学に転校す。生れて始めて両親を離れ、飛び立つ思ひなり、

この時期まだ歌作において啄木調から脱しきれていない中也だったが、京都で暮らすなか、立ち寄った一軒の古本屋で一冊の本と出会う。「秋の暮、寒い夜に丸太町橋際の古本屋で『ダダイスト新吉の詩』を読む。中の数篇に感激」（「詩的履歴書」）とあるように、この時高橋新吉の詩集と出会ったことが、その後の詩人中原中也の誕生と形成に決定的なものとなったことはいうまでもない。中也に新鮮な驚きと感動を与えた新吉の代表詩の一部抜粋したものをここに挙げよう。

親の手紙が泡吹いた／恋は空みた肩揺つた／俺は灰色のステツキを呑んだ／足　足／足　足／足
足／足／万年筆の徒歩旅行／電信棒よ御辞儀しろ

皿皿皿皿皿皿皿皿皿皿皿皿皿皿皿皿皿皿皿／倦怠／額に蚯蚓が這ふ情熱／白米色のエプロン
で／皿を拭くな

ＤＡＤＡは一切を断言し否定する
無限とか無とか　それはタバコとかコシマキとか単語とかと同音に響く
想像に湧く一切のものは実在するのである
一切の過去は納豆の未来に包含されてゐる
人間の及ばない想像を石や鰯の頭に依つて想像し得ると杓子も猫も想像する
ＤＡＤＡは一切のものに自我を見る
空気の振動にも　細菌の憎悪にも　自我と言ふ言葉の匂ひにも自我を見るのである
一切は不二だ　仏陀の諦観から一切は一切だと言ふ言草が出る　一切のものに一切を見るのである
断言は一切である
宇宙は石鹸だ　石鹸はズボンだ　一切は可能だ
扇子に貼りつけてあるクリストに　心太がラブレターを書いた　一切合財ホントーである
凡そ断言し得られない事柄を想像する事が喫煙しないMR. GODに可能であろうか。

（高橋新吉『ダダイスト新吉の詩』中央美術社　一九二三・二）

こうした高橋新吉の詩に衝撃を受けた中也は、その後みずから「ダダ手帳」と呼んだノートに詩を書き始める。このノートは二冊あったはずだが、現存していない。一冊は河上徹太郎に託されたが、昭和二十年（一九四五）焼失している。他の一冊は紛失。したがって、京都時代に制作された詩として残存するのは河上徹太郎の評論「中原中也の手紙」[9]中に紹介されている「タバコとマントの恋」、「ダダ音楽の歌詞」の二篇である。また、未発表小説「分らないもの」中に「夏の昼」[10]が登場する。これらの詩は先述の「ダダ手帳」に書かれていたものと推定される。他に京都時代の詩は、二十八ページからなる「ノート1924」[11]や正岡忠三郎宛書簡[12]に残る。今ここでこの時期制作された中也初期の詩をいくつか挙げてみよう。

原始人の礼儀は／外界物に目も呉れないで／目前のものだけを見ることでした／だがだが／現代文明が筆を生みました／筆は外界物です／現代人は目前のものに対するに／その筆を用ひました／発見して出来たものが不可なかつたのです／だが好いとも言へますから――／僕は筆を折りませうか？／その儘にしときませうか？

テンピにかけて／焼いたろか／あんなヘナチヨコ詩人の詩／百科辞典を引き廻し／鳥の名や花の名や／みたこともないそれなんか／ひつぱり出して書いたつて／――だがそれ程想像力があればね――／やい！／いつたい何が表現出来ました？／自棄のない詩は／神の詩か／凡人の詩か／そのど

つちかと僕が決めたげます

古い作品の紹介者は／古代の棺はかういう風だつた、なんて断り書きをする／棺の形が如何に変らうと／ダダイストが「棺」といへば／何時の時代でも「棺」として通る所に／ダダの永遠性がある／だがダダイストは、永遠性を望むが故にダダ詩を書きはせぬ

（「ノート1924」）

周知のとおり、ダダイズムは大正五年（一九一六）スイス・チューリッヒにおいてトリスタン・ツアたちによって興された芸術運動である。子供ことばである仏語「dada」（＝お馬）をシンボルとしたこの運動は、広義的には第一次世界大戦下（一九一四〜一八）での疲弊感、閉塞感やロシア革命（一九一七）からくる不安感などが複雑に絡みあって発生したもので、あらゆる既存の体制、イデオロギーへの拒否とそこからの脱出、解放を計る目的から出発したと考えられる。狭義的には旧態依然たる文芸や文章表現への反発からくる言語破壊、文法破壊を意味していた。折しも中也が京都にやって来た年の九月一日、関東大震災が起きる。震災直後首都東京は壊滅的状況で多くの施設が倒壊し麻痺するなか、一時的に文化や経済など機能の中心が関西に移行したのである。関東大震災が齎《もたら》した混乱状況は、ある意味ダダイズムを生んだヨーロッパの現況と重なるものだった。中也はこのような状況下において期せずしてダダイズムと遭遇する。

中也が京都に来たころの韻文界（詩歌壇）は、まだ歌壇が大きな存在感を示しており、それに比べ詩壇

はまだ市民権を得ていなかった。中也はそのような諸相を鑑みて以下のように述べている。

詩といふものが恰度帽子と云へば中折も鳥打もあるのに、帽子と聞くが早いか『ああいふもの』とハッキリ分るやうに分らない限り、詩は世間に喜ばれるも、喜ばれないも不振も隆盛もないものである。扨私は、明治以来詩人がゐなかつたといふのでは断じてない。まだ詩といふものが、大衆の通念の中に位置する程にはなつてゐないと云ふのである。大衆の通念の中に位置しない限り、産出される詩の非凡と平凡とを問わず、詩の用途といふものはなく、あるとすれば何か他の物の代用としての用途をしかしてゐないと云へるのである。

（「詩と其の伝統」「文学界」一九三四・七）

中也は詩というものが「大衆の通念の中に位置する程にはなつて」おらず、「何か他の物の代用としての用途をしか」担っていないことを鋭く看て取っている。当時の詩壇は文語詩から口語詩へと向かう時期であり、ようやく欧米の詩が僅かな時差で原典そのまま手に入り、若い詩人たちがみずから選別、翻訳するなかで咀嚼ができるようになってきていた。それは外山正一らの『新体詩抄』（一八八二・八）、森鷗外らの『於母影』（一八八九・八）から始まった翻訳詩による受容時代の終焉を意味していた。また一方で、日本の韻文世界での棲み分けが定着し始め、文壇界においても詩の存在価値が少しずつ認められる様相を呈していたことも背景にあり、先述の中也の文言はそのような状況のなかで「大衆」という読者層にまで（問題）意識と視野を広げ、発せられたものと解釈できよう。詩の受容がようやく始まりを見せ、詩そのものの独創性が問われる時代に差し掛かっていたのである。そのような日本詩壇のありようは、詩本来の存在意味を根底から問い直そうとするダダイズムにすぐさま反応するだけの内実と機運を内包していたともいえる。したがって、日本におけるダダイストの代表詩人高橋新吉もまた、詩のあり方を巡っての根源的な問いかけに繋がる言語破壊＝意味の否定に共鳴したのであり、それは同時に既成概念からの解放をも意味していた。高橋の場合、それは具体的にはニヒリズムと重なり合い、時間的空間的にもあるゆるものに差異はなく、同様に現実界と想像界も区別はないのであり、すべては相対的で無価値であると考える。だからこそ高橋には「無限とか無とか、それはタバコとかコシマキとか単語とかと同音に響く」のである。その点において仏教的な「空」や「絶対無」などと通じる側面を有しているが、その裏返しとして「自我」のみを浮き上がらせる方法が高橋の詩の独自性である。高橋の詩が常に唯一絶対的に存在するものとして「自我」が強調されて表現されるのはそのためである。「ＤＡＤＡは一切のものに自我を見る」のである。

それに対してダダイズムの強い影響下にあって、中也はどのように変容したのか。高橋新吉の詩の影響を受けつつも、その受容には明らかに相違が見られる。中也にとってダダイズムから社会的無為に根拠(存在意義）を得たことが最も大きかっただろうと推察する。中也におけるダダイズムとは、現実生活（社会）での価値観の転倒、無意味化を意味していたのではないかと考えられる。ダダイズムによる相対的視点を獲得するなかで、それまで執着していた「私」からの脱却が図られたことが、彼に表現形式の変化を齎らす契機となったといえるだろう。ダダイストたちが主張する意味の否定は、中也には新しい意の表現として受け留められ、相対的視点の獲得は自己と自然との遠近を意識することとなったのではないか。詩という形式のなかに新たなる自己を発見した中也がそこにいる。現代詩人中也が誕生した瞬間である。「ノート１９２４」にはそのような認識に至る過程を詩的言語のなかに見出すことができる。「現代文明が筆を生みました／筆は外界物です／現代人は目前のものに対するに／その筆を用いました／発見して出来たものが不可なかつたのです」で表象された言語には、「目前のものに対する」「私」の執着と相対的視点の欠如が批判摂取されており、また、「ダダイストが「棺」といへば／何時の時代でも「棺」として通る所に／ダダの永遠性がある／だがダダイストは、永遠性を望むが故にダダ詩を書きはせぬ」という一節からは、死から生を見る遠近的な視点が導入されるとともに芸術存在の在りかたを問う態度も同時に明示されている。このような視点の獲得や感情表現は後の中也詩の根幹を成すものであることは、次の河上徹太郎の文章(13)からも推察できる。

彼が私に遺した書きものには、他にダダの手帳と題するノートブックが一冊ある。生前私に保管を託したものだ。それは彼が二十歳前、ダダイストであつた時、宇宙を発見したと信じ、それを一冊の中に書き留めたと信じてゐたものである。爾来、彼の文章の表現には年とともに客観性を帯びて来たが、彼の根本の世界観はそこにあるものと違つてはゐない。それを年齢や体験の加わるとともに世間と妥協したり水を割つて薄めたりすることもなかつた。此の狷介さには病的な程かたくななものがあつた。之は、少しでも自分の詩が世間から認められるころには結局段々ともの丶考へ方が常識と妥協して来る一般詩人と違つた珍しい所であり、一方、精神的に彼が夭折した所以であると考へられる。

三、中也の詩、その後の展開

京都の古本屋で見つけた高橋新吉の詩集からダダイズムを驚きと感動をもって自己の内に注入した中也は、優れた文学（作品）はかつて表現されたことのない人間のある感情を表現しており、それこそが文学における表現の最大の役割だと認識することになる。それは先述したとおり自己をも相対化する視点のなかではじめて可能になることを発見したのである。昭和五年（一九三〇）四月「白痴群」第六号に発表された「生ひ立ちの歌」(14)はそうした意識が結実した詩と言ってよかろう。

生ひ立ちの歌

Ⅰ

幼年時

私の上に降る雪は／真綿のやうでありました

少年時

私の上に降る雪は／霙のやうでありました

十七―十九

私の上に降る雪は／霰のやうに散りました

二十―二十二

私の上に降る雪は／雹であるかと思はれた

二十三

私の上に降る雪は／ひどい吹雪とみえました

二十四

私の上に降る雪は／いとしめやかになりました……

Ⅱ

私の上に降る雪は／花びらのやうに降つてきます／薪の燃える音もして／凍るみ空の黝む頃
私の上に降る雪は／いとなよびやかになつかしく／手を差伸べて降りました
私の上に降る雪は／熱い額に落ちもくる／涙のやうでありました
私の上に降る雪に／いとねんごろに感謝して、神様に／長生したいと祈りました
私の上に降る雪は／いと貞潔でありました

詩の中で「私の上に降る雪は」は、「真綿」のように白く、純潔である様が強調されている。そのような無垢なる「私」に「涙のやう」に悲しく、「寒い」ほど淋しい感情が襲う。「私」の存在の在処を冷たく降る白い「雪」に重ね合わせ、その半生に亙る真情を連ねながら抒情的に、しかも感傷的に謳い上げている。凍てつき溶け込めない「私」の淋しさが繰り返し表現されることによって「私」の孤独感は一層増し、救いようのない境地へと入り込んで行きながら、それでも冷たく張り詰めた空気のなかで緊張感とともに凛とした「私」が存在することを私たち読者に気づかせてくれる。この詩に代表されるように、「私」の孤独なる魂は、「降る雪」という自然と重ねられ記憶されるとともに、その「私」のなかに潜むセンチメ

ンタリズム、つまり繊細で感傷的な心のありようを表現して見せたのである。自然と感情の重なり合う比喩は、内面の感情の吐露を自然に託すことによって抒情性を生みだす。また、現代人の不安や現代社会の中での孤独は、感傷的存在という形で「私」に託され表されている。そこではもはや自然との重なり合いというだけの表現に留まらない意味を帯び、感情そのものが鋭敏な神経の持ち主「私」に付与されており、私たち現代人の新たな心情の創出となり得ている。こうした存在への不安は、戦争や厳しい現実（生活）と対峙した時の個人の圧倒的な存在感の無さからくる空白感としても呈出されている。先述した河上徹太郎の「年齢や体験の加わるとともに世間と妥協したり、水を割つて薄めたりすることもなかつた」という言にもあるとおり、純粋さゆえの生き難さであり、同時にそれに共鳴する私たち読者の生き難さでもある。それは私たち現代人においても意識せざるを得ない立脚点の危うさであり、競争社会の歪みからくるidentity の喪失感と言ってもよいだろう。その時詩のなかで表現された「私」は中也自身から遠く離れた現代人の様相を呈しており、「私」は中也でありながら、そこにその孤独で淋しく行き場を喪った「私」を傍観するもう一人の中也を見出すことができる。「私の上に降り」かかる雪を遠くで俯瞰している演出家中也がいるのである。そして、その時孤独で淋しい「私」はもはや作者中也の枠を遙かに超えて読者である私たちに向けられた孤独なる魂の存在へと結晶化したのである。だからこそ私たち読者は、この「私」に中也の淋しさを、そして近代人の孤独を、現代人のわれわれの哀しさを連続させて鑑賞するのである。中也の詩は、近代から現代にかけて詩が叙情から抒情へ、そして感傷詩へと連なる方向性のなかで、抒情詩から感傷詩へ昇華させた稀有な詩人として位置づけることができる。そうした抒情と感傷を持ち併せた詩を紡いでいるからこそ中也の詩は、自然の臨場感を備えてその鋭敏な傷つきやすい感情を吐露していて、私たち現代人の心の奥にまで迫ってくる魅力的な詩となり得ているのである。

四．京都再び、人との出会い

今論考はすでに一．で述べたとおり、〈京都〉での詩との遭遇を中心に進めてきたが、中也が京都で出会ったのはダダイスト高橋新吉の詩集だけではないことを付しておきたい。簡潔に記せば、当時京都大学の学生で、立命館中学校の非常勤講師を務めていた冨倉徳次郎を介して、正岡忠三郎と、あるいは富永太郎と出会っている。彼らとのその後の交友が詩人中也を語るうえで重要であることは言を待たない。冨倉や正岡、富永との交わりは彼の文芸観を高め深めるうえで欠かせない存在となっている。「ノート1924」に残された「独断」という詩の断片がその証跡を残している。

独　断

「そんな筈はないが」と忠三郎は言つた。

「それやあ君が間違つてるよ。——まあ間違ひをするのは頭の好いことなんだらうけれど」太郎が言つた。それは太郎の大発見でもある。

　次郎がそりかへつて「子供等のセンサクか」といふ顎でヘラヘラ笑つた。恐らく、忠三郎と太郎の二人だけの会話であつたゝめに。

「何を、つまんない」鉄治が繊細な皮膚をしかめた。

「おほきな赤ちゃん等」中也が一度さう思つてまた思ひ返した。

ダダイズムに影響されるなか、大人たちが忘却の彼方に打ち棄ててしまったもののなかにも美が存在し、その美の発見こそが日常生活の退屈を取り払うことができることを詩中、忠三郎や太郎との会話を通して語っている。文芸美は驚異の産物であることを示唆している詩である。それはまた正岡忠三郎宛書簡中に記された「退屈の中の肉親的恐怖」にも端的に表れている。

退屈の中の肉親的恐怖

ダダイスト中也

多産婦よ／炭倉の地ベタの隅に詰め込まれろ！／此の日白と黒との独楽廻り廻る／世間と風の中から来た退屈と肉親的恐怖――女／制約に未だ顔向けざる頃の我／人に倣ひて賽銭投げる筒ツポオ／――とまれ！――（幻燈会夜……）／茶色の上に乳色の一閑張は地平をすべり／彼方遠き空にて止る／その上より西に東に――南に北に、ホロツホロツ／落ち、舞ひ戻り畳の上に坐り／「彼女の祖母さんとカキモチ焼いてらあ」／「それから彼女はコーラスか」／「あら？彼女は彼女のお父さんから望遠鏡手渡しされてる」／恋人の我より離れ／彼女等が肉親と語りゐたれば我が心――／ケチの焦げるにほひ……／此の日白と黒との独楽廻り廻る

緊張感のない日常が「退屈」と「肉親」という言葉で象徴的に示されるなか、その恐怖に慄く姿が「白

と黒との独楽」に託されて表現されている。文芸の価値はその表現の内にこそ存在し、その一語の新鮮さにかかっていることが、ダダイズム影響下において言葉の組み合わせの悪さからくる未熟さを包含しながらも表されている意味は大きい。「独断」と同様斬新さを備えた言語、表現、形式の要請をみずからに課した詩である。冨倉、正岡、富永との出会いが中也をして深い詩想に導いたことは想像に難くない。

また、永井叔を介して関東大震災直後京都撮影所に移って来た女優長谷川泰子と出逢ったことは、彼の生涯のなかでも特筆に値する。長谷川泰子との関係は、中也をして恋愛における人間のありとあらゆる感情を、そしてやがて支配する焦燥とその挫折感を味わわせてくれるのである。(15) 中也ははじめて男女の関係から発して社会と対峙する形で、人の、あるいは生きることの何たるかを、まさに膚で感じることとなる。それが後の詩作に大きく関わっていることは言うまでもない。代表詩を例に引いてみよう。

サーカス(16)

幾時代かがありまして／茶色い戦争ありました／幾時代かがありまして／冬は疾風吹きました／幾時代かがありまして／今夜此処での一と殷盛り／今夜此処での一と殷盛り／サーカス小屋は高い梁／そこに一つのブランコだ／見えるともないブランコだ／頭倒さに手を垂れて／汚れ木綿の屋蓋のもと／ゆあーん　ゆよーん　ゆやゆよん／それの近くの白い灯が／安値いリボンと息を吐き／観客様はみな鰯／咽喉が鳴ります牡蠣殻と／ゆあーん　ゆよーん　ゆやゆよん／屋外は真ッ闇　闇の闇／夜は却々と更けまする／落下傘奴のノスタルヂアと／ゆあーん　ゆよーん　ゆやゆよん

（『山羊の歌』(17)所収　文圃堂書店　一九三四・一二）

汚れつちまつた悲しみに……(18)

汚れつちまつた悲しみに／今日も小雪の降りかかる／汚れつちまつた悲しみに／今日も風さへ吹きすぎる／汚れつちまつた悲しみは／たとへば狐の革裘／汚れつちまつた悲しみは／小雪のかかってちぢこまる／汚れつちまつた悲しみは／なにのぞむなくねがふなく／汚れつちまつた悲しみは／倦怠のうちに死を夢む／汚れつちまつた悲しみに／いたいたしくも怖気づき／汚れつちまつた悲しみに／なすところなく日は暮れる……

（『山羊の歌』所収　同右）

戦争に茶色を連想させ、「ゆあーん　ゆよーん」と擬態語でそのやるせなさを表現する。それはまさに戦争という現実界と詩という想像界の対比のなかで、「茶色い戦争」が現実の色を、「ゆあーん　ゆよーん」が空虚な実感を照射しているのである。長く続く閉塞感や生の不安感の払拭は芸術空間的美において可能であり、そのことを一夜にして消えゆく存在である「サーカス小屋」に象徴的に集約してみせている。だからこそ「今夜此処での一と殷盛り」が繰り返し表現されているのであり、明日は跡形もなく消える運命にある存在なのである。一片の詩もまたそのような存在だと中也には捉えられていたのかもしれない。美というものは一瞬にして永遠、それこそがこの時期中也が獲得した詩観、芸術観にほかならない。その代表詩が「サーカス」であろう。そうした現実生活での倦怠感《アンニュイ》とともに彼の心に汚れの感覚が現れてくる。それは純潔なる精神の持ち主ゆえの心理感覚なのだが、人の情愛の儚《はかな》さと脆《もろ》さ、世間から隔絶された孤独からくる寒さや淋しさ、世の中の醜さを膚で感じる経験をしたからこその表現である。「汚れつちまつた悲しみに／今日も小雪の降りかかる／汚れつちまつた悲しみに／今日も風さへ吹きすぎる」と謳う中也の心底には、「生ひ立ちの歌」に表れる「幼年時」の「真綿のやうな雪」だけが降り灌《そそ》ぐという風景はもはやない。「汚れつちまつた」人間の悲しみのうえに、純粋で無垢なる「雪」が降りかかる複雑な心情の様としてそれは映し出され、私たち読者を凝《こご》らせ凍らせる。それでも悲しみの心からでる涙の温もりがゆっくりと沁みてくるのがこの詩の世界である。その純朴なる心から迸《ほとばし》る汗の温かさを感じた時、私たちは最も繊細で優しい魂に触れることができる。それは同時に現実の冷たさを共有する温もりこそがこの詩の本質であることをも教えてくれる。浪漫主義からダダイズムの受容を経て、現実と向き合い相見《まみ》えるなか育まれた、中也詩最大の特質であり、魅力であるセンチメンタリズムがそこにある。

【註】

（1）1…「婦人画報」（一九二〇・二）、「懸賞和歌当選披露」欄に「次選」で掲載、選者は大口鯛二。
2・3…「防長新聞」（一九二〇・四・二九）、「山口師範附属小学校　尋六　中原中也」と署名。

4…「防長新聞」（一九二一・一〇・二）、「山口中学　なかはらちうや」と署名。

5…「防長新聞」（一九二一・一一・一九）、「山口中学　中原中也」と署名。

6・7…「温泉集」（合同歌集『末黒野』収録　一九二二・五）。

8…「防長新聞」（一九二二・七・二三）、「中原中や」と署名。

9…「防長新聞」（一九二二・一〇・七）。

10…「防長新聞」（一九二二・一一・一三）。

（2）歌集『一握の砂』（東雲堂書店　一九一〇・一二）所収歌。Aは八番、Bは九十五番、Cは一三一番、Dは一五四番、Eは二一五番、Fは二八七番に当たる。

（3）「詩的履歴書」（一九三六年八月制作）。未発表評論「我が詩観」に付随して書かれている。

（4）（5）（7）　中原フク述・村上護編『私の上に降る雪は　わが子中原中也を語る』（講談社　一九七三・一〇）

（6）私家版歌集。二部。頒価二銭。中也の短歌は「温泉集」と題して二八首が収められている。中学校二年二〜三学期にかけて詠んだ歌。

（8）立命館中学での学籍簿及び学業成績表を前頁に掲載する。

（9）「文学界」（一九三八・一〇）。

（10）「タバコとマントの恋」、「ダダ音楽の歌詞」、「夏の昼」をここに挙げる。

「タバコとマントの恋」タバコとマントが恋をした／その筈だ／タバコとマントは同類で／タバコが男でマントが女だ／或時二人が身投心中したが／マントは重いが風を含み／タバコは細いが軽かつたので／崖の上から海面に／到着するまでの時間が同じだつた／神様がそれをみて／全く相対界のノーマル事件だといつて／天国でビラマイタ／二人がそれをみて／お互の幸福であつたことを知つた時／恋は永久に破れてしまつた。／「ダダ音楽の歌詞」ウハキはハミガキ／ウハバミはウロコ／太陽が落ちて／昼の世界が始まつた／テツポーは戸袋／ヒヨータンはキンチヤク／太陽が上つて／夜の世界が始つた／オハグロは妖怪／下痢はトブクロ／レイメイと日暮が直径を描いて／ダダの世界が始つた／（それを釈迦が眺めてそれをキリストが感心する）／「夏の昼」グランドに無雑作につまれた材木／——小猫と土橋が話をしてゐた／黄色い圧力！

（11）表紙に「１９２４　中原中也」と記された大学ノートで、現存する中也のノートのなかで最も古い。使用推定時期は、一九二四年春から一九二八年。記載作品数は、詩篇五十一、断片五篇、翻訳（ランボー作上田敏訳「酔いどれ船」）の筆写一篇。

（12）中也が転居通知として出したもの（一九二五・二・二三付）。

（13）「文学界」（一九三八・一〇）

（14）初出は「白痴群」第六号（一九三〇・四）。制作は一九三〇年一〜三月ころか。Ｉの第六連歌「二十四」歳となっていることから一九三〇年の作品であることは濃厚。初出ではⅠの第六連に続いて次の詩句あり。↓「★／暁空に、雲流る／×／我が駒よ、汝は寒からじか／×／吹雪のうち、（一行空き）散る花もあり……」（★印、×印は行間に置かれた印）。また、Ⅱの第二連と第三連が初出では入れ替わっている。

(15) 一九二五年三月中也は泰子とともに上京。小林秀雄とは翌月富永の紹介状を持って訪ねて行ったことから親交がはじまる。十一月下旬泰子が中也の許を去り、小林と同棲。その時の様子は中也の草稿「我が生活」（未発表 一九二八年後半～二九年初頭にかけての制作と推定）に綴られている。

私はほんとに馬鹿だつたのかもしれない。私の女を私から奪略した男の所へ、女が行くといふ日、実は私もその日家を変へたのだが、自分の荷物だけ運送屋に渡してしまふと、女の荷物の片附けを手助けしてやり、おまけに車に載せがたいワレ物の女一人で持ちきれない分を、私の敵の男が借りて待つてゐる家まで届けてやつたりした。（中略）とにかく私は自己を失つた！而も私は自己を失つたとはその時分つてはゐなかつたのである！私はたゞもう口惜しかつた、私は「口惜しき人」であつた。（中略）私は苦しかつた。そして段々人嫌ひになつて行くのであつた。世界は次第に狭くなつて、やがては私を搾め殺しさうだつた。だが私は生きたかつた。生きたかつた！（中略）私は大東京の真中で、一人にされた！

(16) 初出は「生活者」（一九二九・一〇）。

(17) 限定二百部（うち百五十部頒布）。頒価三円五十銭。四六倍判函入上製本。

(18) 初出は「白痴群」（一九三〇・四）。

※なお、中也の詩の引用は『新編　中原中也全集』全五巻・別巻一（角川書店　二〇〇〇・三～二〇〇四・一一）に拠った。また、中也および石川啄木、高橋新吉の詩中において紙面の都合上一部改行されている箇所を／線で示した。

第4章◆近代日本画と京都
——堂本印象と京都画壇——

先端総合学術研究科・教授
島田康寛
昭和二十年奈良県生まれ。関西学院大学文学部美学科卒。奈良県立美術館学芸員、京都国立近代美術館学芸課長を経て現職。専門、日本近代美術史。著書『フュウザン会と草土社』『明治の京都洋画』『須田国太郎』『福田平八郎』『京都の日本画 近代の揺籃』『安井曽太郎』『変容する美意識 日本洋画の展開』『村上華岳』他。

一．京都画壇について

「画壇」という言葉は一般によく使われる言葉であるが、実際のところこれといった定義はない。辞書に「画家たちの社会」とあるように、「歌壇」「俳壇」「文壇」などと同様、ある結びつきを持った同業者の社会のようなものであり、その意味から「壇」という語に特定の業種や地域を冠することが多い。たとえば日本画壇という具合であり、京都画壇もその一つだが、東京のような大都市になると、実際は「社会」を形成するには同業者の人数が多すぎて纏《まと》まりがないから、たとえ「東京画壇」と便宜的に「京都画壇」に対比して呼んだとしても、その実態は成立しないといえる。一方、大阪や名古屋などの都市名を冠して

「大阪画壇」「名古屋画壇」と呼ぶことは可能かというと、どうもピッタリとこない。それは恐らく、都市の内部における画家の纏まりとしての社会が充分に機能していないからであろう。たとえば江戸時代には（大正期前後にも）「大坂画壇」はあったと考えられるが、現在ではあるとはいえないのである。もちろん、地方の小都市の方がある纏まりはあるだろうが、社会を形成するほどの人数がいない。そして多くの場合、東京以外の都市に住む画家たちの眼は東京を向いているのだ。東京を中心とした近代日本のあり方の一面が、美術の世界にも現れているのである。

ところが、このような状況の中、京都だけは少々違う。千年の都というブランド力を持っているからである。それが「雅」という匂いを持ったものであることは前にも述べたが、重要なのは、京都という都市に居て、この都市を基盤に活動できる文化的背景と経済的背景があり、そこで評価され認められることは全国的に認められることと同じであるという歴史的経緯があることである。明治以後も、恐らく京都だけが「京都画壇」と呼び得るものを持ち続けることができたし、現在も辛うじてその名残がある。明治四十年（一九〇七）に第一回文部省主催美術展覧会（略して文展）が開催されて、美術の世界にも中央集権体制が形成された後も、京都の美術家たちは、中央である東京に全国各地から寄り集まる美術家たちの総体と対抗できる実力と対抗意識を持っていた。その実体を「京都画壇」と呼んでいるのである。画壇によって育ち、それを支え、さらに次世代の若手を育成していくという循環もまた京都にはあったのである。

二　京都の近代日本画の流れ

大まかにいえば、明治期から昭和期までの京都の日本画の流れはほぼ六期に分けて考えることができる。第一期は明治維新から明治二十年代末まで、第二期は明治三十年代末まで、第三期は大正中期まで、第四期は昭和初年まで、第五期は昭和二十年の終戦まで、第六期は昭和五十年代末頃まで、ということになろう。

第一期は、江戸時代から引き続き活動する画家たちが、西洋絵画の刺激を受けながら日本画の近代化を目指してそれぞれの試みを行うが、その限界もほの見えるという時期である。岸竹堂《ちくどう》、鈴木百年、森寛斎《かんさい》などの長老格に、少し若い幸野楳嶺《こうのばいれい》、久保田米僊《べいせん》、さらに若い望月玉泉《もちづきぎょくせん》、原在泉《ざいせん》、巨勢小石《こせしょうせき》、森川曽《そ》文《ぶん》、今尾景年《けいねん》、鈴木松年《しょうねん》らである。いずれも写生派と呼ばれる円山派を基礎に置きながら、岸派、四条派、望月派、原派、鈴木派などの流派を立ててそれに拠ったもので、画風は大同小異といえる。明治維新後も江戸時代の緩やかな時間の流れの中に生きていた彼らに切実に近代化の必要を感じさせたのは、東京大学にお雇い外国人として来日し、東京で狩野芳崖《かのうほうがい》や橋本雅邦《がほう》を指導して狩野派を土台にした日本画改良に取り組んでいたアメリカ人アーネスト・フェノロサが、明治十七年（一八八四）と十九年に祇園中村楼で行った講演であった。後者の講演記録によれば、わずか四年前には京都の画家は他府県の画家よりも進歩し尊重されていたが、そのため自負心を抱いた結果、今では東京の画家に美術改良の先を越されてしまったと断じて、京都の画家たちを叱咤激励した。これに発憤した幸野楳嶺、久保田米僊らは、森寛斎を会長に押し立てて早速京都青年絵画研究会を組織して、研究会を催し、展覧会を開くなど積極的に動き出した。こうした動きはいくつかあり、いずれも長続きしなかったが、明治二十四年に竹内栖鳳《せいほう》、菊池芳文《ほうぶん》、谷口香《こう》嶠《きょう》、田中一華《いっか》ら六十余名の青年画家たちが京都青年作家懇親倶楽部を設立して、日本青年絵画共進会を開催し、日本画改良を目指す青年画家たちがその実力と作品を、京都だけでなく、全国に示した意味は大きかった。また、明治二十九年には日本画家たちの集まりである如雲社《じょううん》が後素《こうそ》協会と改称し、翌年、フェノロサの下で日本画改良に取り組みフェノロサの帰国後は日本画界の指導者となった岡倉天心を東京から審査長に迎えて開催した第一回全国絵画共進会では、山元春挙《やまもとしゅんきょ》、菊池芳文、竹内栖鳳、谷口香嶠、都路《つじ》華香《かこう》らが長老画家と肩を並べて受賞している。こうしてようやく京都画壇にも新しい風が吹き始めていた頃、明治二十七年に森寛斎が、二十八年に幸野楳嶺が、三十年に岸竹堂が没し、世代交代は決定的となった。

　こうして訪れた第二期の中心になったのは森寛斎門の山元春挙と、幸野楳嶺門の四天王と呼ばれた菊池芳文、竹内栖鳳、谷口香嶠、都路華香らである。明治二十三年に結成された京都美術協会が、美術、工芸の振興を主目的として二十八年から開催した新古美術品展でも、彼らをはじめ、上村松園《しょうえん》、川北霞峰《かほう》、木島桜谷《このしまおうこく》、菊池契月《けいげつ》らが常に上位入賞者として名を連ねている。この期、明治三十三年（一九〇〇）のパリ万国博覧会に竹内栖鳳が渡欧し、三十七年のセントルイス博覧会に山元春挙が渡米したことは象徴的である。中でも竹内栖鳳は、コローやターナーに共感し、また西洋の絵画が二十世紀に入って客観表現から主観表現に向かっていることを知って、日本画における「写意」表現に改めて自信を抱きながら、一方で日本画の「写実」力の弱さを自覚したことは重要である。帰国後の竹内栖鳳は後進の日本画家たちに写実力を付けることを説いたのである。ここに、切実な自覚をもって、京都画壇は流派という狭い垣根を越え、「造形表現」としての絵画の問題に取り組み始めることになったのである。

明治四十年に全国の美術家を対象に毎年定期的に開催する公募展である文展が始まると、上記の画家たちはもちろん、彼らの門下である川村曼舟《まんしゅう》（春挙門）、冨田渓仙《とみたけいせん》（華香門）、西山翠嶂《すいしょう》、橋本関雪《かんせつ》、石崎光瑤《こうよう》、西村五雲《ごうん》（以上栖鳳門）らが活躍を開始し、第三期が始まる。この文展開催という状況下において、京都画壇はいよいよ多彩な実力者を送り出していったのである。一方、明治末頃になると、日本画の近代化に急進的な画家たちも現れてきて、浅井忠《ちゅう》の下で洋画も学んだ千種掃雲《ちぐさそううん》、神阪松濤《かみさかしょうとう》らが明治三十九年に丙午《へいご》画会を結成して、洋画的立体感、遠近感、実在感を積極的に取り入れた作品を制作、内容的には花鳥風月の世界を離れて社会矛盾に眼を向けるなど自然主義的傾向も見られるようになる。また、若手の日本画家と洋画家に美学者たちが加わった研究会なども開かれ、こうした動向は明治四十三年に土田麦僊《つちだばくせん》、小野竹喬《ちっきょう》、秦《はだ》テルヲ、黒田重太郎《じゅうたろう》、田中善之助、津田青楓《せいふう》らが結成した黒猫会（シャ・ノワール）、これが分裂して四十四年に土田麦僊、小野竹喬、黒田重太郎、田中善之助らが再結成した仮面会（ル・マスク）へと引き継がれ、ここでは印象派以降の主観主義的傾向、すなわちポスト印象主義、象徴主義、表現主義、耽美主義などの影響を受けた作品も試みられた。また、四十三年からは京都市立美術工芸学校出身の若手による桃花会展も始まる。これらは西洋からの新帰朝者が描く作品や言論、『白樺』や『スバル』などの文芸雑誌で西洋美術の紹介に触れた若手が、新しい造形思考や美術思潮を積極的に取り入れようとした活動で、東京における无声会《むせいかい》やフュウザン会などの動向ともほぼ同時進行であった。

第四期は、こうした動向を展開した若手による、惰性的となり情実が目に付くようになった文展からの離脱、在野の美術団体の結成によって始まった。大正三年（一九一四）、横山大観、下村観山、安田靫彦《ゆきひこ》、小林古径《こけい》ら東京の画家たちは文展を去って、有名無実の存在となっていた日本美術院を再興し、大正七年京都では土田麦僊、小野竹喬、野長瀬晩花《のながせばんか》、村上華岳《かがく》、榊原紫峰《しほう》らによって国画創作協会が結成されたのである。国画創作協会の画家たちは、大正期を風靡した白樺人道主義の影響を受け、個性の尊重や表現の自由を基本においた主観表現による新しい日本画の創造を目指したのであり、言い換えれば芸術と人生を相関わるものとする新たな立場を日本画家にもたらしたといえる。日本美術院と国画創作協会の結成は文展の解体を促し、翌八年には新たに作られた帝国美術院の主催による展覧会（略して帝展）が発足、第一回展を開催することになる。帝展は在野団体である日本美術院や国画創作協会に対抗すべく新しい傾向の作品を優遇したから、帝展を舞台に若手画家たちが次々と美術界にデビューしていった。京都では堂本印《どうもといん》象《しょう》、福田平八郎、中村大三郎、金島桂華《かなしまけいか》、宇田荻邨《うだてきそん》、登内微笑《とのうちみしょう》、寀本一洋《まつもといちよう》、山口華楊《かよう》、徳岡神泉《しんせん》、池田遙邨《ようそん》、上村松篁《しょうこう》らであった。

こうして、堂本印象が美術界に登場する。すなわち、堂本印象は第四期から第六期にかけての画家ということになるのである。以後の第五、六期については印象の画業の展開に併せて述べるとして、まずは印象の生い立ちから見ておこう。

三. 堂本印象の登場

堂本印象が生まれたのは明治二十四年（一八九一）、京都市上京区小川有春町の酒の醸造を営む堂本伍兵衛、芳子の三男で、本名を三之助といった。兄に、後に芸能研究家となる寒星《かんせい》、漆芸家となる漆軒《しっけん》がいた。また、後に弟四郎が生まれ、後年四郎は印象の画業専念のために尽くすことになる。このほか五人の姉妹がいて、姉は森守明に、妹のうちの二人は山本倉丘《そうきゅう》と三輪《みわ》晁勢《ちょうせい》に嫁ぐなど、後に印象周辺に日本画家による姻戚関係を中心とした結束が生まれる基盤となる。

　三之助が美術に引かれたのは、父伍兵衛が古美術に精《くわ》しく、茶道や華道にも通じ、画家や文化人との交流もあったというから、その影響が考えられる。このことは、二人の兄の進路とも当然関わっていたはずである。明治三十九年三之助は京都市立美術工芸学校図案科に入学し、美術家としての道に第一歩を印すことになる。しかし、学生時代のことについてはほとんど知られていない。現在眼に触れる当時のデザイン画などから推測すれば、優れた技倆《ぎりょう》を身に付けていったことは確かなようだ。同校の卒業は明治四十三年であるが、この前年、京都市立美術工芸学校の上級校として京都市立絵画専門学校が設立された。文展において、東京美術学校を擁する東京勢力に負けないだけの実力を備えた芸術家を養成する体制が、京都にもでき上がったのである。日本画家を目指す京都市立美術工芸学校の卒業生たちに、京都市立絵画専門学校に進学して画家としての教育を受ける道が開かれたのである。しかし、不幸なことに、三之助の父伍兵衛は事業に失敗し、借財を残して他界するということがあって、三之助は進学どころではなくなった。京都市立美術工芸学校を卒業すると三越の図案部を経て龍村《たつむら》平蔵の織物工房に入り、図案の仕事に就いたのである。龍村工房での三之助は多くの人気図案を生み出し、まもなく工房にとってなくてはならない存在になったという。しかし、三之助の日本画への意欲はますます強くなるばかりで、仕事の合間を縫ってスケッチブックを懐に大阪や京都の町を歩き回っていたようで、明治四十四、五年頃のスケッチや水彩小品が多く残っている。明治四十五年頃には自ら「印象」と号したというのも、日本画家志望の強い現れであったのだろう。龍村織物の大阪支店勤務時代のスケッチ類からは、この当時の印象が大坂画壇の新進北野恒富《つねとみ》や京都市立美術工芸学校図案科の先輩秦テルヲ、その友人であった野長瀬晩花、また京都で版画や文芸などの芸術活動をし、『光芒』などの雑誌の発行にも携わっていた河合卯之助《うのすけ》らの影響を受けていたことが推測される。龍村工房の同僚でもあったテルヲや晩花以外は、交友があった可能性が当然あるが、今は確かめる術がない。ただ、印象のスケッチや小品に、色町の女性や女義太夫、文楽、歌舞伎などが登場し、彼らと共通する世界を見ることができる。生活のために、絵を描くかたわら注文を受けて歌舞伎役者などの木彫り人形を造ることを可能にしたのも、その世界を深く知っていたからであり、印象の知られざる若き日の姿を彷彿させる。印象自身は当時のことを何も語っていないが、後年の印象の芸術の拡がりや深まりのために見えない肥やしとなったことは確かなようだ。

　一方、二人の兄はすでに独立しており、堂本家の家計はすべて印象の肩に掛かっていた。印象は、画家として立つことが家計を支える近道になると考えたのであろう、ついに龍村平蔵を説得し、その理解と援助を得て京都市立絵画専門学校に入学するのが大正七年（一九一八）のことである。ただ、大正末頃までは龍村工房の仕事も続けており、それは生活のためであると同時に、龍村平蔵への恩誼からでもあった。

　念願が叶って京都市立絵画専門学校に入学し、日本画家への道を歩み始めた印象は、翌大正八年の第一回帝展に《深草》【図1】を初出品し、初入選を果たす。京都南郊の深草風景を洋画風の立体感を取り入れて描いた作品である。翌年にはさらに京都市立絵画専門学校での師西山翠嶂の画塾青甲社《しょうこうしゃ》にも入って研究を重ねる。以後の印象の帝展での成績は階段を駆け足で登るかのように速い。大正九年第二回展

図1　深草　1919年　京都府立堂本印象美術館蔵

《柘榴《ざくろ》》《西遊記》入選、大正十年第三回展《爽山映雪《そうさんえいせつ》》入選、《調鞠図《ちょうきくず》》が特選となり、大正十一年第四回展では《訶梨帝《かりてい》母《も》》により推薦となって、たちまち無鑑査出品の資格を得たのである。この間、十年には京都市立絵画専門学校を卒業して研究科に進み、十一年には平和記念大正博覧会で《猫》が金賞となり、初めて中国に旅行している。そして大正十三年の第五回展では審査員として《乳の願い》《故父》を出品、翌年の第六回展出品の《華厳》で帝国美術院賞を受賞して、中堅画家としての地位を確固たるものにしたのである。いまだ三十四歳、美術界への登場が遅かった分を取り戻さんとするかのような速さであった。

四．大正期の京都画壇と印象

大正という時代はよくいわれるように白樺人道主義が一世を風靡し、芸術家たちも個性の尊重と表現の自由を掲げて制作に打ち込んだ時代である。美術界においても明治三十年代に興った浪漫《ろうまん》主義、その後の自然主義を経て、楽天的に解放された個人主義の時代を迎えたのである。その意味では、大正四年に結成された東京における岸田劉生《りゅうせい》ら洋画家の草土社に対応するものとして、京都の土田麦僊らによる国画創作協会を考えることができる。国画創作協会宣言書で述べられているのは、芸術家は霊性を深めることによって人間の真実を発揮するのであり、自己を深めることで初めて作品が渾成され、作品を渾成して初めて自己の成長を見ることができるという、人格の成長と芸術の完成への信仰のような思いである。また、「已む能はざる個性の創造は作品の生命なり」とか、「我々の創作は自然に対する愛なり」「芸術の創作は極めて自由ならざる可からず」という言葉も出てくる。

これに対し、堂本印象にも次のような言葉がある。やや後の昭和十二年のものであるが、「日本画は精神の高揚を眼目とします。そしてそれを表現できる技巧を必要とするのはいふまでもありませんが、技巧よりもまづ精神を深め、高めることが日本画を習得し或は鑑賞するのに大切なのであります」というのである。この精神主義的、人格主義的な言葉に国画創作協会宣言書と相通じる思いを読み取ることはたやすいし、そこに同時代性ともいうべきものを見出すのだが、印象の場合はこれに信仰心や東洋思想が加わってくる。両親が敬虔な仏教徒であったことの影響でもあろう。実際、《十六羅漢図》《訶梨帝母》《維摩》《乳の願い》《華厳》などが大正期に描かれているし、宗教的主題は生涯を通じてのモチーフともなっている。京都の大徳寺、知恩院、東福寺、教王護国寺(東寺)、金閣寺、西芳寺、仁和寺、醍醐寺をはじめ、全国各地の寺院の襖絵などを手掛けているのも無関係ではないだろう。

また、作風について見るならば、《深草》《爽山映雪》に洋画的な写実性と陰影による立体表現の採用、《柘榴》に宋元の院体花鳥画に学んだ細密描写、《調鞠図》《訶梨帝母》に帝展風の写実と装飾の調和、《華厳》に大和絵や仏画などの古典への注目など、時代に歩調を合わせた展開を読み取ることができる。表現におけるあらゆる可能性を追求しながらも、時代性を敏感に感じ取っている印象を見るのである。

こうして、師西山翠嶂の青甲社の重要な一員として、また、福田平八郎、中村大三郎らとともに京都画壇の将来を担う画家として、印象の位置は揺るぎないものとなったのである。

五. 昭和前期の京都画壇と印象

大正十二年(一九二三)の関東大震災と昭和二年に始まった金融恐慌は、大正という時代の終わりと新しい時代の到来を告げるものであった。この影響を受けて国画創作協会の経済面を支えていたパトロンたちも会の運営を援助する余裕がなくなり、国画創作協会は昭和三年(一九二八)には解散を余儀なくされるという事態が持ち上がった。この背後にあったのは、会員たちの芸術家としてのあり方と、美術団体の経営者としてのあり方の二つの間に当初から存在した根本的矛盾に突き当たったという事実である。彼らは当初から宣言書において「同人の創作には此の宣言書すら何等拘束性を有せず。同人は其の固有の天分に忠実ならんが為に此の宣言書をすらも超越せんと欲するものなり」として、美術団体経営のために個人の創作の自由が侵されることを最初から拒否していたのである。そのことが現実になったに過ぎないといえばそうなのであるが、そこに彼らの潔さ、あるいは現実に立ち向かう力の弱さ、さらにいえば大正期独得の「甘さ」のようなものがほの見えるように思われる。画壇的意欲が最も強かった麦僊が帝展に復帰するとともに画塾を開いたのを別にすれば、竹喬は帝展には復帰したが弟子を持たず、華岳と紫峰は画壇から離れての制作に移るのである。

　これに比べて印象の場合はどうか。先も述べたように、大正末頃までは龍村工房の仕事をして収入を得ているが、姉や妹を画家に嫁がせることで、彼女たちの夫である若い画家たち、山本倉丘や三輪晁勢らへの援助も必要だった。一方、昭和五年から七年にかけて京都市立美術工芸学校教諭を務めたことで、印象の下には弟子と呼ぶべき若手たちも集まり始めていた。昭和九年に画塾東丘社を創設して後進の指導を始めるのはその証であり、やがて印象を中心とする画家のグループが形成されることになる。京都画壇における一勢力を形成し始めるのである。当時の京都には、竹内栖鳳の竹杖会《ちくじょうかい》、山元春挙の早苗会、菊池契月の菊池塾、西山翠嶂の青甲社、西村五雲塾、土田麦僊の山南塾、橋本関雪塾、川北霞峰の蒼穹《そうきゅう》会、都路華香塾、石崎光瑶塾など多くの画塾があり、学校を卒業してもさらに画塾に所属して塾主と師弟関係を結び、画塾を拠点に画壇的活動を展開するというのが一般的であった。福田平八郎のように学校卒業後どの画塾にも属さないというのはごく稀で、平八郎あたりがいわゆる「学校派」と呼ばれる最初の画家であった。実際、印象も学校卒業後翠嶂の青甲社に属していたが、独立した画塾を持つことが許されたのであり、

図2　木華開耶媛　1929年　京都府立堂本印象美術館蔵

それは印象の実力が認められた証拠である。

このように印象の負担はますます増加するが、それにもかかわらず印象は帝展や東丘社展その他への出品作だけでなく、積極的に寺院の襖絵などの大作に取り組み始めたのであり、印象の旺盛な制作意欲と生活力を見ることができる。こうして、京都画壇の第四期は第五期へと転じていくのだが、印象は《春》や《木華開耶媛《このはなさくやひめ》》【図2】《仏説父母恩重経絵巻》などの大和絵を現代的に生かした鮮やかな色彩画から、《雪》《冬朝》のような新古典主義的方向に沿った明快な作品、さらには水墨表現の枯淡さを狙った《恵蔵牧牛》《雲収日昇》、新しい仏画の追究ともいえる《女人出定》《観世音》など、画題も作調も多彩な作品を展開していく。

しかし、時代は次第に戦争の深みへと突き進んでいく。そんななかで印象が時代の要請であった戦争記録画などに筆を染めなかったのは、そうしたことに関心を持たなかったことにあわせ、この頃の印象が宗教画や仏画に専念していたからでもあった。

六．昭和後期の京都画壇と印象

明治維新の頃に日本画が大きな危機を迎えたのは、次々に流入する西欧文化の波に揉まれて新たな方向を探らなければならない状況に置かれたからであった。それは、東西の文化的対立と葛藤、その上での融合ということであったが、第二次世界大戦後の日本画はまさに二度目の危機を迎えることになった。今度は、建国以来百五十年にしかならない若い国アメリカ文化の圧倒的勢力が日本に押し寄せたのであり、また、通信や交通の手段が戦争によって格段に発達し、世界同時性ともいえる時代を迎えることになった。

そうした状況下で、後に京都大学教授となる桑原武夫が「第二芸術——現代俳句について——」（『世界』昭和二十一年十一月号）という論文を発表した。日本の新しい時代における文学芸術は西欧近代の精神を精神として、人間性の回復に重点を置かねばならないとして、俳句のようなものは同好者だけによる特殊世界をつくり、その中で楽しんでいる芸事に過ぎないと決めつけ、その前近代性、遊戯性を指摘するとともに、俳人の宗匠的性格などを鋭く衝き、他に職業を持っている者や、老人、病人などが余技とし、あるいは消閑の具とするに相応しいもので、現代人が身魂を打ち込んで携わる芸術とは考えられない。したがって、これをあえて芸術と呼ぶのならば「第二芸術」と呼んで、他と区別するがよい、というような論であった。この反響は大きく、それがやがて短歌に及び、さらには伝統芸術である日本画にまで及んで、ついには「日本画滅亡論」までが出るという状態であった。やがて、日本画では現代に生きる人間の生活感情や人生までを表現することができないのではないかという疑問が日本画家たちの心に拡がり、それは直ちに危機感へと発展していったのである。今から見れば、桑原の論には無理があったが、それが日本画の危機感に発展したことで大きな反省の機会をもたらしたことは無意味ではなかった。

　戦争中に解散を命じられた美術団体の再組織、再編が戦後慌ただしく行われたが、日展では上村松園、菊池契月、西山翠嶂、もう少し若い小野竹喬、堂本印象、福田平八郎、徳岡神泉、金島桂華、宇田荻邨、山口華楊、池田遙邨らがいて、それぞれに戦前の自己の芸術を引き継ぎながら新しい出発を目指していた。そんななか、昭和二十三年（一九四八）、日展の中堅であった東西の日本画家たちが新たに在野美術団体を結成したのである。東京の山本丘人《きゅうじん》、吉岡堅二、福田豊四郎らに、京都の上村松篁、秋野不矩《ふく》、沢宏《さわこう》靱《じん》、向井久万《くま》、広田多津、奥村厚一、菊池隆志らである。世界性に立脚した芸術の創造を宣言しての出発であったが、決して日本画という枠組みを外れることなく着実な変革を目指すものであった。これに対し、京都市立美術工芸学校出身の若手日本画家三上誠、不動茂弥、山崎隆、星野真吾、下村良之助らは同年、より尖鋭なパンリアル美術協会を結成し、洋画との境界を超えることで日本画のマチエールの限界を撤廃し、モチーフを拡大し、現代に生きる人間としての生活感情を絵画に盛り込もうとしたのである。この二つの美術団体の誕生が京都の日本画壇に激震を走らせたのはいうまでもない。

　なかでも、翠嶂の率いる青甲社への影響は大きかった。というのも、創造美術の中心となった松篁、不矩、宏靱、久万、多津が青甲社の重要メンバーだったからである。翠嶂は近代京都画壇を隆盛に導いた竹内栖鳳の女婿であり、画家としても栖鳳を継いで京都画壇の統率者としての立場にあった。京都画壇はほ

図３　八時間　1951 年　京都府立堂本印象美術館蔵

とんどが官展に拠っており、大正期の国画創作協会を別にすれば、明治四十年（一九〇七）の文展開設以来、帝展、新文展、日展と有力画家を送ってきた実績があった。その指導者の足許が崩れたのである。創造美術が結成される時、翠嶂の甥であり塾生であった西山英雄は、創造美術に参加するかどうかでずいぶん迷ったようだが、結局は伯父であり師である翠嶂を見捨てるわけにはいかないとして青甲社に残ったという。

この時、すでに独立してみずからも塾の経営者であり、彼らより十歳程も年上だった堂本印象は、こうした動きの埒外にいたが、常に時代の変化に敏感に対応し、また進取の気に富んでいたから、創作者としては内心穏やかでなかったに違いない。積極的に洋画的表現に向かい、昭和二十三年の第四回日展に現代風俗の女性を描いた《婦女》を発表、二十

図4　意識　1956年　京都府立堂本印象美術館蔵

四年第五回展の《或る家族》や二十五年第六回展の《新聞》では時代の世相を批判的に捉えた。二十六年第七回展の《ガラス》ではガラス工房の労働者を、デフォルメなどを援用して造形的に表現した。こうした試みは、画塾東丘社展ではより自由に展開され、思い切りモダニズム感覚を取り込んだ洋画的作品《椅子による二人》《輝けるもの》《八時間》【図3】などの作品に結実している。

このような助走ともいえる挑戦を経て、昭和二十七年、印象はついにフランスへと旅立つ。戦後、国外へ飛び出した日本画家の最初であった。同行したのは弟・四郎の息子で、京都市立美術専門学校研究科を終えたばかりの新人日本画家堂本尚郎《ひさお》である。印象らはイタリア、西ドイツ、スペイン、フランス、スイスなどを半年間巡遊して十一月に帰国する。この間、美術館や画廊だけでなく街の隅々にまで興味を持ち、古典から現代までの諸相を貪欲に見て歩いた印象は、ヨーロッパ美術の流れを把握し、自己のこれからの方向にも一つの確信を得たという。それは抽象画への道であったが、日本画家であり、年齢はすでに還暦を過ぎ、帝室技芸員、日本芸術院会員として社会的にも巨匠としての地位を多く与えられていた印象の豹変ぶりは、日本の美術界を驚嘆させた。

帰国早々の印象は、《メトロ》《窓》《疑惑》などの作品に、同時代への注目、社会風刺、デフォルメなどを援用した造形思考をより強化し、昭和三十年の《生活》によって突然のように――印象にとっては決して突然ではなかったのだが――抽象へと方向を転じる。アパルトマンの外壁を正面から捉えた《生活》ではいまだ家々の窓などに具象性を残していたが、翌年の同工異曲ともいえる《意識》【図4】に至って具象性はすべて払拭、洋画における幾何学的抽象に重ね合わせて波紋を呼んだのである。しかも、昭和三十四年には抽象画による第一回個展を開き、パリのスタッドラー画廊における「メタモルフィスム(変容)」と題した展覧会に出品、以後欧米の美術館や画廊での展覧会に出品するだけでなく、昭和三十六年には再渡欧、帰国後には生涯の代表作とされる《交響》【図5】を発表し、これと重なるように文化勲章を受章することになる。古稀を迎えた画家とは思えない積極的活動と旺盛な制作意欲である。

《交響》には、批評家ミシェル・タピエが主導して昭和二十六年(一九五一)に始まり、三十年には渡仏した甥の堂本尚郎も日本画から転じて参加していたアンフォルメル運動の刺激が指摘されている。アンフォルメルは、アメリカにおけるアクション・ペインティングや抽象表現主義などと時代精神を共有する戦後の抽象絵画運動であるが、《交響》の場合は、東洋の書独特の筆触(ストローク)にも通じる表現的描線を中心に、色彩や金箔が織りなす装飾性豊かな絵画世界が構成され、日本画の伝統を背後に感じさせる

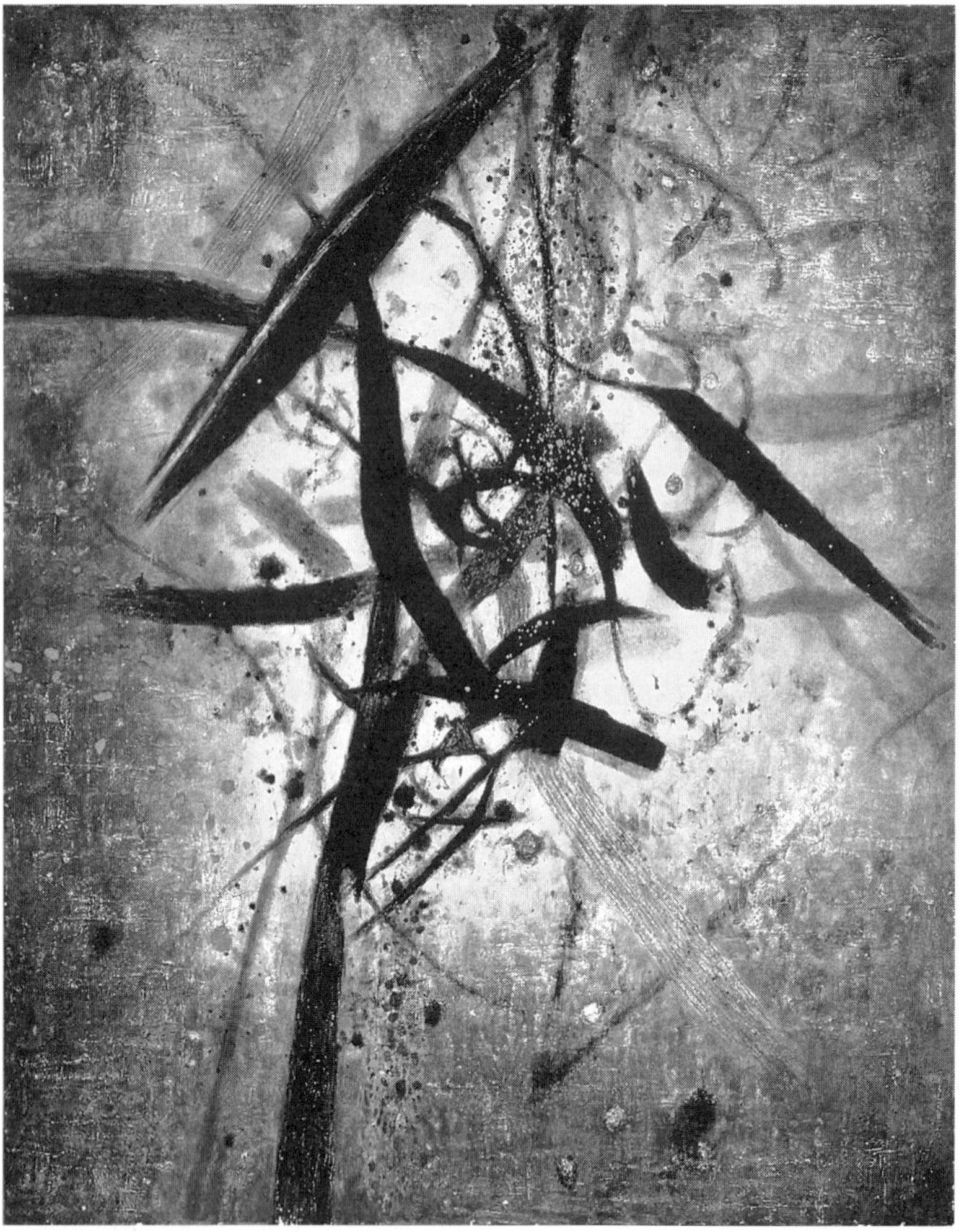

図5　交響　1961年　京都府立堂本印象美術館蔵

作品といわねばならない。それは、これまでどの日本画家も到達し得なかった世界ということができる。「一切の過去的なものから手を切らない限り真の創造はできないし、明せきな意識の上に立つ伝統の否定こそ真の伝統であると、長年の経験と信念からそういうことができる。かくして私は創造主義にふみ切った。創造とは今迄に無いものを造ること、伝統や自然や社会的こだわりのない自由さにおいてなしとげられ、それには建築や音楽と同じく面積や容積と音だけの組合せであれだけ美しい感情を表はすように、絵も線や点や色の濃淡だけの構成で本質的な作品が生み出される」と印象は述べており、自ら「新造形」と名付けた印象の抽象作品への方向性がよく理解できる。しかし、作品から判断して、印象が日本画の伝統という豊かなバックヤードを抱えていたことも否定できない。ここにこそ「生きた伝統」というものの本質があり、常に再生することで伝統が新しい生命を維持し続けるということを知らなければならないのだろう。

しかし、京都画壇において印象の思いを理解する日本画家はいなかったように思われる。たとえ理解しても、実際に同様の試みをしようとする勇気ある日本画家はいなかった。印象の画塾東丘社の研究会において、印象は画題を与えて抽象画の制作を試みさせたというが、弟子たちの中にさえ同方向に歩み出す者はいなかった。このことは、堂本印象の京都画壇における微妙な位置を暗示している。多くの身内や弟子を擁して一勢力を築きながら、京都画壇において主流たり得なかったのである。

七．昭和末期の京都画壇

しかし、翻って考えて見れば、竹内栖鳳や山元春挙、菊池契月などが没して後、京都画壇の主流を形成した画家はいなかったといえるようだ。確かに、西山翠嶂は栖鳳の弟子であり、女婿でもあって、栖鳳の跡を継ぐ画家と目されていたが、戦後の日本画滅亡論などのなか、おもだった弟子たちが日展を離脱して創造美術を結成し、印象は日本画の世界に収まりきらない活動をし、継承者と思われた西山英雄も東京を中心とする時代動向に共鳴して造形主義的な方向に転じていった。花鳥諷詠的な世界を根幹においた京都の日本画世界においては、翠嶂の系統はややはみ出た形なのである。また、春挙の跡を継いだと考えられる川村曼舟も強力な指導者ではなかったし、契月の跡を継ぐ門下もいなかったようである。

このように見てくれば、画塾の力が次第に弱まっていくことが分かるし、学校派と呼ばれる画家たちには元来強い結束力はない。結果的には、京都画壇は弱体化していくことにならざるを得ず、小野竹喬、堂本印象、福田平八郎、中村大三郎、金島桂華、宇田荻邨、登内微笑、案本一洋、山口華楊、徳岡神泉、池田遙邨、上村松篁ら第四期に現れた個性的で優れた画家たちが次々と没していくにつれて、京都画壇は寂びしさを加えていくことにならざるを得ない。

はじめにも述べたように、京都は近代において唯一といってもいい「画壇」を形成していた都市であるが、次世代の画家を養成することができなかったことに、その衰退の原因を見ることができる。その理由は、近代日本が——それは現代にも引き続いて——あらゆる分野で東京への一極集中という方向で展開したことが挙げられるだろう。もう一つは画塾の弱体化と崩壊である。昭和後期頃までその名残があったのは池田遙邨の主宰する青塔社、翠嶂没後解散した旧西山塾の画家たちによる朴土社、牧人社などの小団体、五雲没後山口華楊を中心に研究会として再開した晨鳥社《しんちょうしゃ》くらいである。印象の画塾東丘社も例外ではなく、印象没後三輪晁勢が引き継ぐが、時代の流れの中で次第にその画壇的意味を失っていった。かつては画塾の結束が京都画壇の結束を生み下支えしていたから、このような状態では画壇というものの実体が消滅せざるを得ないのである。一方、学校教育を受けて画家となっていく例が増えていくと、師を中心とした地域的結束力は当然薄くなる。また、画壇を支える京都の経済力も次第に弱まっていったのである。しかも、戦後は美術団体の社会的評価も以前ほど高くはなくなり、無所属で個展やグループ展によって活躍する若い世代が増加して、これに追い打ちを掛けることになる。ますます「画壇」の力は薄れ、画壇は瀕死の状態となっていくのである。この悪循環の状況にある京都の美術界を、もう「京都画壇」と呼べるのかどうかさえも疑わしいのだが、印象が没した昭和五十年は、まだ京都画壇は最後の光を放っていた時期であった。その意味で、印象は進取の精神に裏打ちされた前衛的芸術家であったにもかかわらず、画壇に育ち、画壇を背負い、これを支えるという、今では古くなった日本画家のあり方に生きた最後の画家の一人であったといえるだろう。

立命館大学京都文化講座「京都に学ぶ」5

京の風土《ふうど》と景観《けいかん》

1200年以上にわたり、そこで暮らしてきた人々によって培われた京都ならではの風土と景観を、移りゆく時代の中で具体的かつ多面的に解き明かす。（コーディネーター:片平博文）

［執筆者］
高橋　学・片平博文・中本　大・瀬戸寿一・生田真人

第1章　京都の原風景と平安京
第2章　平安京の災害絵巻
第3章　うつりゆく都の形象
第4章　京洛の庭園と歴史都市の風景
第5章　「三都物語」の中の京都

立命館大学京都文化講座「京都に学ぶ」4

京の生活《くらし》

文学作品、歴史史料、文献等を駆使して、平安京より京都に生きた、さまざまな時代のさまざまな人々の生活のありさまを垣間見る。
（コーディネーター:片平博文）

［執筆者］
片平博文・中本　大・川嶋將生・冷泉為人・吉越昭久・河原典史

第1章　『枕草子』にみる郊外あそび
第2章　兼好法師の京都
第3章　「洛中洛外図屏風」にみる京の生活
第4章　近世公家の生活と年中行事
第5章　名所図会にみる京都の生活
第6章　北山杉を育む人びと

立命館大学京都文化講座「京都に学ぶ」7

京の公家《くげ》と武家《ぶけ》

京都の文化・芸術を中心とした展開を、華道・文学・祭・絵画・映像を通して探り、京都という空間での華やかな文化的色彩とその魅力を解き明かす。
（コーディネーター:木村一信）

［執筆者］
佐古愛己・杉橋隆夫・三枝暁子・桂島宣弘・山崎有恒・小関素明

第1章　平安貴族の「雅」と「武」
第2章　京都の朝廷と関東の府
第3章　公武統一と室町の王権
第4章　近世京都の学問
第5章　東京「遷都」と京都の公家社会
第6章　西園寺公望の苦悶

立命館大学京都文化講座「京都に学ぶ」6

京の地宝《ちほう》と考古学《こうこがく》

京都の地下に眠るさまざまな時代の遺跡や遺物。考古学と周辺分野を中心として、現在に直接つながるこれら「地宝」を通じた京都の歴史に焦点を当てる。（コーディネーター:木立雅朗）

［執筆者］
和田晴吾・河角龍典・山本雅和・西林孝浩・木立雅朗

第1章　京都・嵯峨野の古墳と他界観
第2章　三次元デジタル地図で見る古代都市 長岡京・平安京の風景
第3章　中世都市京都の考古学
第4章　広隆寺所蔵《弥勒菩薩半跏像（宝冠弥勒）》と半跏思惟像の源流
第5章　京焼・清水焼と近現代の考古学

立命館大学京都文化講座「京都に学ぶ」8

京の文化《ぶんか》と藝術《げいじゅつ》

2012年9月15日　第1刷発行

【企画・編集】
立命館大学文学部 京都文化講座委員会
〒603-8577　京都市北区等持院北町56-1
電話　075-465-8187
FAX　075-465-8188

【編集協力】
白川書院

【表紙・本文デザイン】
鷺草デザイン事務所　尾崎閑也

【発行】
株式会社 白川書院
〒606-8221　京都市左京区田中西樋ノ口町90
電話　075-781-3980
FAX　075-781-1581
振替　01060-1-922
URL　http://www.gekkan-kyoto.net/

【印刷・製本】
中村印刷株式会社

ISBN978-4-7867-0067-5　C0021